5060
홈 트레이닝

5060 홈 트레이닝(큰글자도서)

초판인쇄 2023년 1월 31일
초판발행 2023년 1월 31일

지은이 전홍근
발행인 채종준
발행처 한국학술정보(주)

주소 경기도 파주시 회동길 230(문발동)
문의 ksibook13@kstudy.com
출판신고 2003년 9월 25일 제406-2003-000012호

ISBN 979-11-6983-088-1 13690

5060

무작정 운동하다 몸 망가집니다!

홈 트레이닝

전홍근 지음

이담 Books

"이제는 누구도 피해갈 수 없게 된 100세 시대"
"몸에 맞는 운동으로 100세까지
건강하고 활기차게, 파이팅! 엑티브시니어!"

아프고 불편한 몸으로 100세까지 사는 것은 의미 없다. 건강한 몸으로 100세를 맞이하자.

2017년 10월 30일 "노벨프라이즈 다이얼로그 서울2017"에서 노벨상수상자 5인과 세계적 석학 30여 명이 모여 '다가올 시대(The age to come)'라는 제목으로 노화의 근본 원인과 건강수명을 늘리는 방법에 대해 대중강연을 했다. '안티에이징(Anti-Aging)'에 대한 관심이 높아지고 있는 것이다.

세상이 좋아지면서 절대적으로 살 수 있는 '기대 수명'은 늘어난 반면 아픔 없이 건강하게 살 수 있는 '건강수명'은 그에 비례해 늘어나지 않았다. 60년을 살면서 10년을 아프다가 갔는데, 이제 100년을 살면서 40년을 아프다가 갈 수 있다는 이야기다. 물론 의료와 미용의 도움으로 많은 질환들이 극복되고, 외모도 보기 좋게 바뀌었지만 움직이는 것 자체가 힘들다면 무슨 소용이 있겠는가.

나이 들어 아픈 몸으로 인해 지출되는 돈과 시간을 줄여, 좋은 음식을 먹고 좋아하는 사람과 여행을 다니면서 여생을 보낼 수 있다면, 또는 지금까지 쌓아온 인생의 경험과 경력으로 사회에 봉사하거나 시니어로서 계속해서 일할 수 있다면 얼마나 행복할까. 100세 시대, '건강하게 사는 삶'이 곧 '아름답게 사는 삶'이다.

운동을 하면 몸이 좋아진다는 사실은 누구나 알고 있다. 그러나 어떤 운동이 본인

나이에 맞는 운동인지, 무엇을 어떻게 시작해야 할지 모르는 사람들이 대부분이다. 대개 건강에 조바심을 느낀 시니어들은 헬스장에 등록하여 기구들을 움직여 보거나 자전거를 타거나 런닝머신에서 시간을 채울 뿐이다.

저자는 20년 째 운동을 지도하는 운동전문가로서 유명 연예인들의 다이어트 비디오 및 도서 제작을 감수하였고 유명 방송과 잡지에 출현할 기회도 얻었다. 또 지금까지 셀 수 없이 많은 저명인사들의 몸 관리를 전담해왔다. 현재는 회사와 집을 직접 방문하여 운동을 지도해드리는 '홈 트레이닝'을 통해 고객들의 몸을 관리하고 건강 문제를 해결하는 일을 하고 있다. 20년이라는 기간 동안 순수하게 운동을 지도하면서 보낸 시간이 20,000시간 이상이다. 그 경험을 통해 알게 된 과학적 근거

(Science Based)와 경험적 지식(Empirical Knowledge)을 바탕으로 시니어의 몸 상태(Condition)를 개선시키는 운동 프로그램을 개발했고, "더 많은 사람이, 더 좋은 움직임으로, 더 행복해질 수 있기를 바라는 마음"으로 이 책을 출간하게 되었다. 누구나 읽고 이해하기 쉽도록 전문용어보다 가급적 일반적인 단어를 선택하려고 노력했다. 이 책을 읽는 독자들이 마치 트레이너에게 직접 이야기를 듣고 있는 것처럼 책의 내용을 편안하게 받아들이기를 바란다.

'시니어'라고 불리는 생물학적 나이에 들어서면서 이제야 본인을 위해 무언가를 할 수 있게 되었지만, 만약 이때 몸이 제대로 말을 듣지 않는다면 얼마나 슬프고 속상한 일인가. 가고 싶었던 곳을 다니기보다 병원을 찾아야 하고, 관절 통증으로 인해 먹고 싶지 않은 약을 먹게 된다면 얼마나 안타까운 일인가. 그러므로 행복한 시니어의 삶을 위해서는 미리미리 체력을 준비해야 한다. 그렇지 않으면 힘들어진다. 필자는 운동을 지도하면서 몸이 아프거나 몸의 노화가 많이 진행된 후에야 운동을 시작하는 시니어들을 너무나 많이 보아왔다. 물론 필자가 지도했던 시니어들은 그렇게 안 좋은 상황에서 운동을 시작해 많은 효과를 보았다. 운동을 통해 움직임을 개선하고 관절 통증으로부터 해방된 사례는 많이 있다. 그야말로 '저스트시니어(Just Senior)'에서 '액티브시니어(Active Senior)'가 되었다.

큰 개념부터 말하자면 '액티브시니어 운동(Active Senior Training)'은 편하게 호흡을 하면서 몸 구석구석을 내 마음대로 움직일 수 있도록 하는 '저·중강도 운동 프로그램'으로 구성되었다. 누워서 시작하여 일어났다가 다시 엎드리고 일어나는 과정을 반복하면서 온몸의 관절과 근육을 동시에 사용할 수 있도록 구성된 것이다.

이 책에서 소개하는 '액티브시니어 운동'은 기존의 운동에서 강조하듯이 '이 동작은 어디에 좋다'라는 식의 단순 반복이 아닌 두 개 이상의 근육과 관절을 동시에 사용할 수 있도록 구성되었다. 전문적 용어로는 협응운동(Coordination Exercise)이라고 한다. 처음에는 생각을 하면서 천천히 반복하고, 숙달이 되면 생각하지 않고도 빠르고 정확하게 실행할 수 있게 될 것이다.

또한 필자의 고객들에게 적용했던 운동 프로그램 중 공통적으로 누구에게나 적용해도 무리가 없는 동작들을 기본으로 구성하였고, 꾸준히 반복했을 때 반드시 효과를 볼 수 있는 동작들로 추렸다. 즉 이 책에서 제시한 순서대로 운동하면 누구나 쉽고 편하게 운동할 수 있다. 또 책에 QR코드를 넣어 스마트폰을 통해 동영상을 확인하면서 따라할 수 있게 했다. 짧게는 50년, 길게는 70년을 넘게 잘못 사용해온 몸을 하루아침에, 아무런 노력 없이 변화시키려는 것은 욕심일 것이다. 단기간에 급하게 몸을 변화시키려는 욕심을 버리고 지금 당장 운동을 시작하라! 필자와 함께 운동을 했음에도 액티브시니어(Active Senior)가 되지 못한 분들의 대부분은 아래와 같은 이유였다.

바쁜 스케줄로 인해 꾸준히 운동을 할 수 없어서…
급한 마음에 이것저것 시도하다가…
하다가 중도에 포기해서…

물론 이해한다. 바쁜 일상 속에서 매일 운동할 시간을 내는 것은 쉬운 일이 아니다. 하지만 건강하고 활기차게 100세 시대를 맞이하기 위해서는 반드시 운동할 시간을 내야 한다. 다른 지름길은 없다. 자, 이제 더 늦기 전에 시작할 때다.

트레이너 전홍근

목차 Contents

4부 액티브시니어 운동 START!

5부　액티브시니어의 운동 목표는 '평생 달리기'

'No 노인, Yes 시니어' 노인(老人)이라는 말 자체가 부정적인 느낌을 준다. 왠지 누군가에게 의지해야 할 것 같고, 마치 혼자서는 아무것도 할 수 없는 사람처럼 느껴지게 만드는 단어다. 이 책에는 노인(老人)이란 단어가 없다. 대신 '인생선배, 연장자'라는 뜻을 지닌 '시니어(Senior)'라고 부를 것이다.

시니어로서 인생을 즐기면서 그동안의 경험과 지혜를 가지고 더 많은 일을 하기 위해서는 신체적, 정신적으로 강한 체력을 길러야 한다. 신체적으로 건강하면 정신적으로도 건강하게 된다. 몸이 불편하면 마음이 약해지고 화가 느는 법이다. 건강할 때 더욱 강해질 수 있다. 내 몸에 맞는 운동으로 지금부터 시작하면 된다. 늦지 않았다. 이제 시작이다.

1부

홈 트레이닝 전
꼭 기억하자

4가지 신체능력 향상에 집중하라

　규칙적인 신체활동에 참여하는 사람들은 비활동적인 사람들보다 사망률과 질병 발병률이 낮고 삶의 질이 높다는 연구결과들이 많이 있다. 삶의 질(QOL)을 높이기 위해서는 활동이 편안하고, 주변 사람과의 소통이 원활하며, 몸의 통증이 없어야 한다.

　신체기능의 다운그레이드(Down Grade)를 막고, 업그레이드(Up Grade)시켜야 한다. 그러기 위해서는 몸에 맞는 운동을 해야 하는데 '액티브시니어 운동'은 수많은 시니어들의 운동을 지도하며 얻은 필자의 경험적 지식(Empirical Knowledge)과 과학적 지식(Science Based)를 바탕으로 만들어진 운동 프로그램이다.

　　나이가 들면서 일어나는 신체 변화

　　① 체지방과 저밀도콜레스테롤(LDL) 수치 증가

　　② 근육량 감소

　　③ 최대 근력 감소

　　④ 체력 감소

⑤ 유연성 감소

⑥ 뼈의 칼슘 감소

⑦ 감각기능(시각, 청각, 후각, 미각) 저하

이로 인해 몸 안부터 바깥까지 점점 움직이기 불편해지다가 결국에는 움직일 수 없게 된다. 물론 단순히 나이가 든다는 이유만으로 위의 현상들이 진행되는 것은 아니다. 운동을 통해서 충분히 10~20년을 지연시킬 수 있다는 말이다.

시니어가 꾸준히 운동했을 때 얻을 수 있는 긍정적인 효과는 아래와 같다.

심혈관계 건강	비만	지질단백질 글루코스
심장근육 기능 향상 유산소능력 증가 수축기 혈압 감소 확장기 혈압 개선 지구력 증가	복부 지방조직 감소 제지방무게(Lean body mass) 증가 체지방율 감소	저밀도지질단백질 감소 (LDL ↓) 중성지방 감소 고밀도 단백질 증가 (HDL ↑)

골다공증	심리적상태	기능적 능력
골무기질 밀도 감소의 둔화 골밀도 증가	행복한 느낌 향상 카테콜라민(도파민, 노르아드레날린,아드레날린)과 세로토닌 수준 증가	근골격계의 장애 발생 감소 근력과 유연성 향상 낙상 위험 감소 골절 위험 감소 반응시간 향상 두뇌의 혈액공급과 인지기능 유지

'액티브시니어 운동'은 아래와 같은 효과에 중점을 두고 있다.

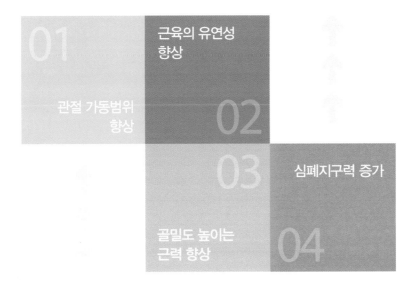

운동을 꾸준히 했을 때 얻을 수 있는 긍정적인 효과들은 위의 4가지 신체능력을 향상시키면 자연스럽게 따라오게 될 것이다.

5060에게 적당한 운동 강도

이 책의 운동 강도는 저·중강도로 구성되어 있다. 저·중강도의 운동은 체력 수준이 낮거나 운동을 처음 해보는 분들을 위한 운동 강도이며, 이 책에서 제공하는 반복횟수는 저·중강도에 맞추어 제시되었다. 운동 강도를 높이고 싶다면 운동의 횟수를 늘리거나 움직이는 속도를 빠르게 하여 충분히 고강도까지 운동 강도를 높일 수 있다.

저·중강도라고 하는 것은 본인의 최대 심장 박동 수(내 심장이 1분당 뛸 수 있는 최대 횟수)를 기준으로 결정되며 아래와 같은 운동정도이다.

운동강도	심장 박동 수	신체 자각도
저강도	최대 심장 박동 수의 40~60%	옆 사람과 편하게 대화를 나눌 수 있는 정도
중강도	최대 심장 박동 수의 60~70%	옆 사람과 약간 숨이 차게 대화하거나, 이마에서 땀이 살짝 나는 정도

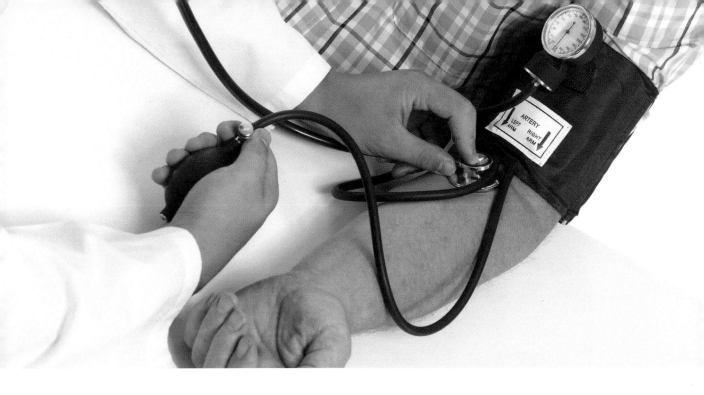

'액티브시니어 운동'은 최대 심장 박동 수의 40~70%까지 심장 박동 수를 끌어올릴 수 있도록 구성되었다. 최대 심장 박동 수의 40~70%는 관절가동범위, 근육의 유연성 향상에 적당한 운동 강도이다. 또한 이렇게 심장 박동 수를 올리면 체온이 0.5℃~1℃ 상승하여 근육이 활성화되고 신진대사와 혈액순환도 활성화될 수 있다. 운동을 해도 심장 박동 수가 올라가지 않으면 효과가 없을 수 있다. 반대로 심장 박동 수가 너무 많이 올라가면 몸에 무리를 줄 수 있다. 그래서 심장 박동 수를 정확하게 관리하면서 운동을 해야 운동 효과가 크다. 필자가 다음 장에서 '연령별 심장 박동 수 가이드라인'을 제시할 것이다. 운동 중간중간에 본인의 심장 박동 수를 측정하면서 운동하길 바란다.

심장 박동 수 가이드라인

정확한 측정을 위해 알아야 할 3가지는 최대 심장 박동 수, 안정 시 심장 박동 수, 본인 만 나이이다. 예를 들어 나이 60세에 50%정도의 운동 강도로 운동을 시작하고 싶다면 운동 강도를 결정하는 카르보넨(Karvonen) 공식에 이 3가지 요소를 적용하면 된다. 최대 심장 박동 수(220회 – 본인 만 나이)는 160, 안정 시 심장 박동 수는 70회라고 가정해 보자.

〈카로보넨(Karvonen) 공식〉

{(최대 심장 박동 수 – 안정시 심장 박동 수) X 운동강도(%)} + 안정시 심장 박동 수

=

목표 심장 박동 수

예) {(160–70) X 0.5} + 70 = 115 (50% 운동강도)

이렇게 계산하면 50% 정도의 운동 강도를 위한 목표 심장 박동 수는 115회로, 심장이 1분에 115회 뛸 정도로 운동을 해야 한다.

저·중강도에 해당하는 40~70% 정도의 운동 강도는 심장 박동이 106~133회 뛰는 정도다. 시니어들은 이 정도 강도로 운동을 하면 가장 효과적인 운동이 될 것이다. 가능하다면 매번 본인의 안정 시 심장 박동 수를 체크하면서 그날의 운동 강도를 설정하고 운동을 하면 좋을 것이다. 만약 너무 복잡하다면 아래 제시한 평균적인 운동 강도를 보고 본인에게 적당한 운동 강도를 확인할 수 있다.

나이	최대 심장 박동 수	안정 시 심장 박동 수	적정 운동 강도(40%~70%)
50	170	70	110~140회
60	160	70	106~133회
70	150	70	102~126회
80	140	70	98~119회
90	130	70	94~114회

안정 시 심장 박동 수 측정방법은 본인의 오른쪽 검지와 중지를 모아서 왼쪽 요골부위에 살짝 올려놓는 것이다. 그러면 맥박이 느껴진다. 15초간 체크하고 4를 곱하면 1분간의 심장 박동 수를 알 수 있다. 이렇게 심장 박동 수를 재서 운동의 강도를 설정할 수 있다. 지금 바로 측정해 보자. 필자는 현재 64회이다.

나이가 들수록 체력이 약해지면서 안정 시 심장 박동 수가 올라가는 경향이 있다. 안정 시 심장 박동 수가 오르는 것을 막고 노화를 지연시키기 위해서는 고강도 운동(최대 심장 박동 수의 80~90%)이 필요하다. 하지만 처음부터 고강도 운동을 하게 되면 관절과 근육에 무리를 주고 그로 인해 아프거나 다치게 된다.

고강도 운동은 본인의 몸이 이 책에 제시한 운동을 완전히 습득한 후에 진행

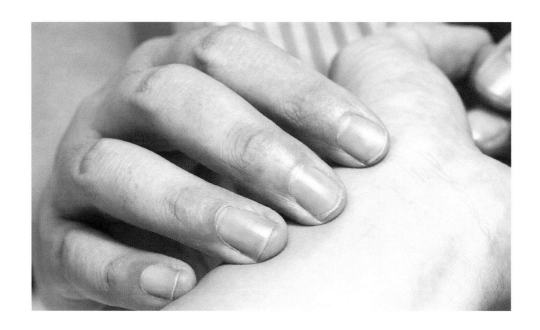

해도 늦지 않다. 또 이 책의 후반부에 '액티브시니어 운동'의 목표인 '평생 달리기'를 통해 체력을 기를 수 있는 방법을 제시하고 있다. 절대 서두르지 말고, 무리하지 말아야 한다.

이 책에서 저·중강도 강도로 온몸의 관절과 근육을 움직이게 하고, 적절한 강도로 걷기와 달리기를 하는 방법을 정확하게 배울 수 있을 것이다. 수많은 운동 동작들 중 시니어에게 꼭 필요한 핵심만을 간추렸고, 물이 흐르는 듯 자연스러운 운동 순서로 구성하였다. '액티브시니어 운동'은 꾸준한 반복, 숙달로 몸의 통증을 줄이고 노화를 지연시킬 수 있는 운동프로그램이다.

예의범절 등 우리는 지금까지 수많은 살아가는 방법에 대해 배웠다.

하지만 어떻게 앉고, 서고, 움직이라는 것에 대해서는 제대로 배워본 적이 없다. 굳이 배우지 않아도 움직이고 살아가는 데 큰 문제가 없었기 때문이다. 그러나 시간이 흘러 몸여기저기가 아프고 움직여지지 않으면 비로소 스스로에게 질문을 하게 된다.

"어쩌다 내가 이렇게 됐지?"

이유는 간단하다. 몸을 움직이는 법을 배우지 않고 사용해왔기 때문이다.

학교 체육시간에도 "걸어", "빨리 뛰어"라고 명령만 받았지 어떻게 걷고, 뛰라고 배우지못했다. 태어나서 때가 되면 일어서고, 걷고, 뛰는 것이 당연한 일이라고 여기며 살아왔더라도 100세 건강수명을 준비하기 위해서는 더 늦기 전에 몸을 올바로 사용하는 방법에 대해서 배워야 한다. 몸에 대해 알면 운동은 더 쉬워지고 그 효과는 배가 된다!

2부

몸에 대해 알면
운동은
더 쉬워진다

4가지 신체능력 향상에 집중하라

몸(身)을 건물에 비유하면 철골구조물은 뼈와 관절이 될 것이고, 그 위를 덮은 시멘트는 근육이라고 할 수 있을 것이다. 신경은 전기를 전달하는 전선의 역할, 호르몬은 뇌와 함께 건물을 유지·보수하는 컨트롤타워 역할을 감당한다. 물론 사람의 몸은 살아있기 때문에 건물과 비유한다는 것은 굉장히 극단적인 예라고 할 수 있다. 어렵게 다시 얘기하면 우리 몸에는 206개의 뼈가 있고, 뼈와 뼈는 인대(Ligament)로 연결되어 있는데 이것을 관절이라고 한다. 또 힘줄이라고 말하는 건(Tendon)은 뼈와 근육을 연결한다. 건을 통해 뼈에 연결된 근육(골격근)은 관절을 움직이게 만들고, 우리 몸에 약 700개가 있다(내장근육 제외). 그 근육들을 움직이고 감각을 느끼게 하는 것을 신경(Nerve)이라 하고, 우리 몸을 항상 같은 상태로 유지하는 능력(항상성, Homeostasis)을 가진 물질을 호르몬(Hormone)이라 한다.

우리가 몸에 대해 잘 알면 운동 효과는 배가 된다. 단순히 동작을 따라하면 노동이 되고, 왜 해야 하는지 알고 하면 운동이 된다. 몸과 함께 뇌가 움직여 큰 시너지를 발휘하기 때문이다.

〈예〉 걸을 때 상황

① 운동을 하게 될 때 그 운동에
어떤 근육이 쓰이는지 알 수 있다.

걸으면서 뒤꿈치를 들게 될 때 종아리 근육이 계속 쓰인다.
종아리 근육을 강화시키고 유연하게 하는 운동을 하면 된다.

② 어떤 관절이 쓰이는지 알 수 있다.

발목은 그 어느 곳보다 많이 사용되어 가동범위가 좋아야 한다.
발목관절의 가동범위를 늘리는 운동을 하면 된다.

③ 어느 곳에 문제가 있어서 잘 안 움직이는지 알 수 있다.

뒤꿈치를 드는 종아리 근육이 문제가 있는지, 발목 관절이 문제가 있어서
인지 알 수 있다. 문제가 있는 부분의 기능을 향상시키는 운동을 하면 된다.

④ 왜 아픈지에 대한 이해를 쉽게 할 수 있다.

종아리 근육을 잘못 사용해서 아픈지, 발목관절을 잘못 사용해서 아프게 된
것인지 알 수 있다. 잘못된 부분을 수정하면서 운동을 하면 된다.

⑤ 운동을 통한 해결방법을 스스로 찾아갈 수 있다.

종아리 근육을 잘 이완·수축 시키는 운동을 하고,
발목 관절 가동범위를 좋게 만드는 운동을 해서 통증을 극복할 수 있다.

관절(JOINT)의 가동범위를 늘려야 통증이 줄어든다

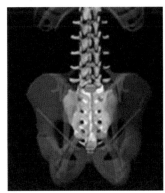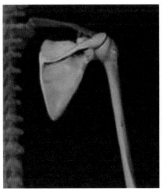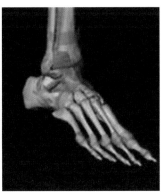

건축가인 어느 회원님과 대화를 나눈 적이 있다.

"전 선생님, 건축의 기본이 무엇인지 아십니까?"

"글쎄요. 집을 튼튼하게 만드는 것 아닐까요?"

"네, 제가 보기에 운동과 비슷합니다. 중력을 이길 수 있어야 해요! 선생님과 운동하면서 그걸 다시 한 번 생각하게 됩니다. 몸도 중력을 이길 수 있어야 하잖아요."

건축의 가장 기본은 중력을 이길 수 있어야 하는 것이라고 했다. 사람도 마찬가지다. 뼈라는 기본에 관절이 튼튼하게 연결되어 있지 않으면 문제가 생기면서 몸에 항상 가해지는 저항, 즉 중력을 이기지 못해 제대로 앉지도 서지도 못하는 상황이 벌어진다. 중력을 이겨 내려고 몸을 이리저리 비틀고 구부리면서 편한 자세를 찾다 보면 몸이 결국 변형된다. 우리는 하나밖에 없는 자신의 인체 구조물을 100년 이상 사용해야 하는 시대를 살고 있다. 잘 아끼면서 효율적으로 사용해야 하지 않을까? 필자의 말에 동의하지 않는가?

동의하시겠습니까?   □ 동의   □ 동의함   □ 동의하겠음   □ 동의합니다

관절은 모양과 위치, 기능에 따라 여러 가지 이름으로 불리게 된다. 그중 누구나 알고 있는 관절은 무릎, 어깨, 손목·발목관절 등이고 관절을 때로는 '뼈마디'라고 부르기도 한다. 온몸의 관절이 아플 때 "삭신이 쑤신다."라고 하는데, 이렇듯 대부분 통증(Pain)을 느낄 때 "아이고, 어깨야~ 무릎이야~" 하면서 관절의 이름을 말하지 "아이고, 승모근이야~ 대퇴사두근이야~"하면서 근육의 이름을 말하지 않는다. 즉 관절, 뼈마디, 삭신(순 우리말: 몸의 힘살과 뼈마디)은 통증을 표현할 때 주로 거론되는 곳이다.

그렇다면 과연 통증은 언제 느낄까? 피부로 예를 들어보자

뾰족한 물체에 찔렸을 때나 넘어져서 부딪혔을 때, 또는 뜨거운 물체에 닿았을 때처럼 무언가 우리 몸에 자극을 줄만한 것과 접촉하게 되면 우리는 통증을 느낀다. 관절도 마찬가지다. 관절 내에서 뼈와 맞닿아 있는 여러 가지 연부조직과 접촉이 일어나거나 뼈와 뼈가 직접적으로 마찰이 일어나거나 어긋나고 부딪힐 때 통증이 생긴다.

젊을 때는 못 느꼈던 통증이 나이가 들면서 나타나게 되는 것은 알다시피 노

화의 결과다. 긴 시간 동안 외부의 자극을 받고, 잘못 사용하면서 어긋나고 부딪히면 뼈를 보호하고 있는 연골이 닳게 되고, 관절이 좁아지면서 아픔이 커지게 되는 것이다.

그러다 보면 편하게 움직이는 정도, 즉 가동범위가 줄어들게 되고 움직임의 질(부드럽게 움직이는 정도)이 안 좋아지게 된다. 통증을 줄이고 움직임의 질을 높이기 위해서는 관절 가동범위(ROM: Range of Motion) 즉 관절 가동성(Mobility)를 늘려주어야 한다. 가동성(mobility)을 늘리기 위해서는 반드시 관절과 연관된 근육의 이완과 수축을 잘 할 수 있어야 한다.

가동성이 좋아졌다는 것은 뼈와 뼈 사이의 공간이 넓어졌다는 말로 표현할 수도 있다. 물론 너무 공간이 넓어지면 안정성(Stability, 튼튼함)이 떨어져 또 다른 문제가 생긴다. 그러나 모든 관절은 우선 공간(Cavity=Space) 확보가 우선이다. 이미 언급했듯이 관절은 두 개 이상의 뼈가 공간을 두고 붙어 있는데, 이 두 개의 뼈를 인대(ligament)가 연결하고 있는 구조로 되어 있다.

관절의 공간을 넓히기 위해서는 두 뼈를 연결하는 인대(Ligament)를 풀어줘야 한다. 인대는 잘 늘어나지 않는 성질이 있고, 관절을 잘 사용하지 않으면 유착되는데(adhesive), 한마디로 연부조직들이 인대에 늘러 붙어서 점점 관절 가동범위가 줄어든다. 그러나 한 번 늘러 붙은 인대와 연부조직들도 일정기간 잘 달래주고 움직여주면 시원한 느낌이 들면서 서서히 관절 통증이 줄어든다. 그런데 인대는 대부분 근육보다 더 안쪽에 있기 때문에 직접 만지기가 쉽지 않다. 그래서 필자와 같은 전문가의 도움을 받아 풀어주거나 혼자서 한다면 '폼롤러(Foam Roller)' 또는 '땅콩볼(Peanut Ball)'이라는 이완도구를 이용하여 직·간접적으로 풀어줄 수 있다. 뒤에 나올 운동에서 폼롤러 대신 땅콩볼을 사용할 수 있는 운동은

Foam Roller
폼롤러

별도로 표시해 두었다.

폼롤러와 땅콩볼을 자극이 필요한 관절 부위에 직접 닿게 놓고 몸을 수십 차례 움직여 관절 주변의 근육과 인대를 자극시킨다. 그러면 눌려진 부위의 근육과 신경이 자극되면서 혈액 공급이 원활해지고 가동성 즉 관절 가동범위가 늘어난다. 복잡한 과정을 참 간단하게 적었지만, 이해가 되지 않는다면 이 부분을 한 번만 더 읽고 넘어가 주길 바란다!

단순히 "폼롤러 또는 땅콩볼을 관절 부위에 놓고 비비세요."하면 될 것을 참 복잡하게 말한다고 할 수 있겠지만, 기본적인 원리를 알면 운동 효과가 더 좋아질 수 있다. 아무것도 모르고 단순히 움직이는 것과 원리를 알고 움직이는 것은 다르다. '어디에 좋은 운동이다.'라고 해서 그냥 따라하는 것보다 몸을 알고, 왜 해야 하는지를 알고 하면 그 효과는 배가 될 수 있다. 그래서 트레이너인 필자는 회원들을 운동 지도할 때 백 번이고 천 번이고 설명을 한다.

다시 강조하지만 반복이 중요하다. 말도 해야 늘고 운동도 많이 반복, 숙달해야 좋아진다. 수술처럼 한 번에 몸이 좋아질 수 없다. 사실 수술보다 꾸준히 운동해서 몸이 좋아지는 경우가 더 많다.

그런데 관절을 풀어주는데 굳이 폼롤러와 땅콩볼이 필요할까? 많은 과학적 근거들이 충분하게 나와 있고, 필자의 경험적으로 비추어 봤을 때도 가장 효율적이었다. 그중에 제일은 운동도구 중 값이 싸고, 사용이 쉽고 간편하다는 것이다. 폼롤러는 집이나 운동센터에서 편하게 사용할 수 있고, 땅콩볼은 크기가 작아 휴대하여 언제든 들고 다니면서 통증이 있거나 뻐근한 부위에 대고 비비거나 문지를 수 있다는 장점이 있다. 앞으로 소개하게 될 운동들은 폼롤러를 이용한 운동이 주를 이루지만, 땅콩볼 또한 같은 방식으로 사용이 가능하다. 필자는 폼롤러와 땅콩볼은 누구나 집에 하나 정도는 가지고 있어야 할 운동도구라고 생각한다. 많은 관절들을 혼자 주무르고 비트는 것보다 훨씬 효율적으로 근육과 인대 및 연부조직을 자극하여 통증을 줄이고 관절 가동범위를 넓혀줄 수 있기 때문이다.

필자 또한 무릎, 어깨가 아프다. 아직 41살이라는 어린 나이지만 아프다. 왜 아플까? 필자는 어릴 적부터 관절을 너무 많이 썼다. 10대부터 시작하여 20대 중반까지 합기도 4단, 태권도 3단, 유도 1단, 특공무술 1단을 취득하기 위해 수없이 구르고 넘어지고 부딪혔고, 이후에는 에어로빅, 헬스, 요가, 골프까지 가르칠 수 있는 자격을 취득하기 위해 정말 많이도 몸을 혹사시켰다.

많은 사람들이 필자와 같이 과도한 운동을 해서 관절이 아픈 것은 아닐 테지만, 일생을 통해 어쩔 수 없이 무한반복 되었던 움직임에서 뼈와 뼈, 뼈와 연부조직(인대, 활액낭, 힘줄 등)이 부딪히고 마찰이 일어나면서 처음에는 아프지 않던 것들이 어느 순간부터 염증반응을 일으키고, 마침내는 불편함을 느끼게 된다. 두드리고 주무르면서 지내다가 때로는 '뚝뚝' 소리가 나는 상황까지 벌어지게 된다. 점점 더 아파오면 병원에 가서 치료를 받고, 괜찮아졌다가 다시 아파서 병원에 가는 식을 반복하다가 결국 수술까지 하게 될 수도 있다.

하지만 필자는 아플 때마다 운동을 통해 그것을 극복하고 있다. 더 이상 아픔의 정도가 커져서도 안 되고, 더 이상 아픈 곳이 늘어나서도 안 된다. 그러기 위해서는 관절을 다스릴 수 있는 운동을 해야 한다. 앞으로 나올 부분에 운동 방법이 상

세히 나와 있으니 잘 따라해 주길 바란다. 모두가 할 수 있다. "나이가 들어서 좋아지겠어?"라는 의심을 버리고 꾸준히 실천해야 한다. 좋아지는 사례는 셀 수 없이 많이 봐왔다. 수술 이후 불편함이 남아 있는 분들에게도 큰 도움이 될 수 있다.

몸에 좋은 약과 음식도 한번 먹어서는 효과가 나타나지 않는다. 적당량을 장복해야 효과가 나타나는 것이다. 운동도 오늘 한번 했다고 또는 한 번에 많이 했다고 좋아지는 게 아니며 최소 3개월, 6개월, 1년 가까이 꾸준히 운동을 해야 변화가 나타난다. 그 이후에는 지금 하게 될 운동들이 너무 쉬워서 강도가 약하다고 느껴지면 좋겠다. 다시 한번 말하지만 앞으로 하게 될 운동들만으로도 충분하다. 과유불급(過猶不及), 무리하면 안 된다.

근육(MUSCLE)의 유연성을 늘려야
움직임이 자유로워진다

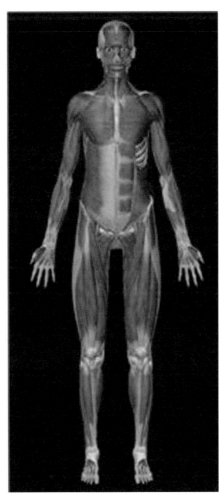
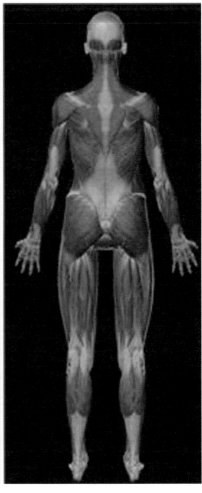

근육에 대한 불편함이 생겼을 때 사람들은 대부분 "뻐근하다(Stiffness, 뻣뻣함)"라고 표현한다. 불편함이 심해지면 경련이 일어나거나 뭉치는 현상 (Cramped), 즉 '쥐'가 나기도한다. 그 이유는 무엇일까? 제일 이해하기 쉬운 답은 '혈액 순환'이 되지 않기 때문이다. 혈액은 혈관 안에서 심장이 수축·이완하면서 생기는 압력(혈압)에 의해 흐르게 된다. 산소 및 영양분을 교환하는 혈관의 수축·이완이 제대로 되지 않아 근육이 뭉치거나 쥐가 나게 되는 것이다. 예를 들어 많은 분들이 자다가 종아리에 쥐가 난 경험이 있을 것이다. 혈액이 순간적으로 흐름을 멈추면 근육 내 산소와 영양분이 공급되지 않아 근육이 강하게 수축하면서 쥐가 나게 되는 것이다.

① 수면 중 부교감신경이 활성화되면서 심장 박동 수가 줄고 혈압이 떨어진다.

② 심장에서 가장 멀리 있는 종아리근육 사이 혈관의 압력 또한 떨어진다.

③ 종아리근육에 공급되는 혈액과 산소가 부족해진다.

④ 순간적으로 혈액 공급을 받기 위해 근육이 갑자기 수축해서 혈관을 누른다.

⑤ 이때 수축한 근육이 다시 이완되지 않아서 혈관을 계속 누르게 된다(반응속도 느려짐).

⑥ 혈액 공급이 순간 차단된다(마치 수도관을 발로 밟았을 때와 같은 상황).

⑦ 강하게 수축된 근육 상태가 유지된다.

이렇게 강하게 근육이 수축, 즉 짧아진 상태를 '쥐가 났다'고 표현하는 것이다. 이런 상황이 반복으로 수면장애까지 유발한다. 정리하면 다음과 같다.

① 혈액을 공급하는 심장의 기본 기능이 약하면 쥐가 날 수 있구나.

② 산소를 공급하는 폐의 기능이 약하면 자면서 쥐가 날 수 있구나.

③ 근육이 잘 늘어나고(이완) 줄어들지(수축) 않으면 쥐가 날 수 있구나.

한마디로 근육의 유연성 운동과 근력운동을 잘 하지 않으면 혈액 순환이 되지 않아서 뻣뻣해지고 쥐도 잘 나게 된다.

근육은 참 정직하다. 운동을 하면 하는 만큼 좋아지고, 안 하면 그만큼 나빠진다.

근육은 참 고약하다. 운동을 하면 효과는 천천히 나타나고, 안 하면 빠르게 나빠진다. 근육은 참 많이도 있다. 몸 구석구석 온통 근육이기 때문에 해야 할 근육 운동이 너무 많다.

결론은 매일 조금씩이라도(최소 20분) 유연성 운동을 하고, 매일 조금씩 근력 운동(최소 10분)도 해야 한다. 하루 30분 정도만 투자해서 운동을 하자. 추가적으로 20분 정도 매일 걷기와 달리기를 해야 한다. 그래야 몸을 바로 세워 건강하고 아름다운 시니어의 삶을 보낼 수 있다.

그럼 여기서 다시 질문, 근육 이완(유연성 운동)을 많이 해야 할까요? 수축(근력운동)을 많이 해야 할까요? 예를 들어보자. 사람은 엄마 뱃속에 있을 때 몸을 웅크리고 있다가 나이가 들면서 몸을 바르게 세운다. 그런데 더 나이가 들면 다시 엄마 뱃속에 있을 때처럼 몸이 구부러져 간다. 동요에 나오는 '꼬부랑 할머니'의 모습을 생각해 보자.

고개는 숙이고 등은 둥글게 구부러졌다. 지팡이에 의지한 채 무릎 역시 구부러

져 있다. 이 상태를 분석해서 정리하면 다음과 같다.

① 뒷목과 등, 허리, 엉덩이까지의 근육은 다 늘어나면서 뻣뻣해져 있다.

　　(늘어나면서 약해지는 근육)

② 앞쪽 목부터 배까지는 다 짧아지면서 뻣뻣해져 있다.

　　(짧아지면서 약해지는 근육)

③ 다리 뒤쪽은 짧아지면서 뻣뻣해져 있다.

④ 다리 앞쪽은 늘어나면서 뻣뻣해져 있다.

　곙장히 극단적인 예이지만 대부분 이런 자세로 변해간다. 근육이 늘어나거나 짧아지면서 뻣뻣해지고 약해져서 체형까지 변한다. 이러한 현상들이 나타나는 것은 신체활동을 하기보다 가만히 앉아 있거나 누워 있는 상태로 많은 시간을 지냈기 때문이다. 그 결과 노화가 급속히 진행된 것이다. 꼬부랑 할머니, 할아버지가 될 수밖에 없다. 반면 운동을 하면 근육이 풀어지고 몸이 펴진다. 심지어 몸이 펴지면서 키도 커진다.

늘어나거나 짧아지면서 근육이 뻣뻣해진다는 것은 쉽게 말해 근육이 질겨진 것이고, 우리는 질겨진 근육을 다시 유연하게 만들어 줘야 한다. 그래서 시니어의 경우 근력운동 보다는 조금 더 많은 시간을 유연성 운동에 할애해야 한다.

유연성의 증가로 인한 혜택
① 움직임의 양과 질이 좋아진다.
② 근력도 함께 증가하게 된다.
③ 더 편하게 움직일 수 있게 된다.
④ 많이 움직이게 되어 칼로리 소모량도 늘어나게 된다.
⑤ 근육양이 증가한다.
⑥ 자연스레 체지방의 감소 효과도 볼 수 있게 된다.

많은 연구에서 시니어의 유연성이 커지면 근력도 증가한다고 증명되고 있다. 또한 최소 4주 이상 연속으로 유연성 운동을 진행해야 유연성의 증가를 확인할 수 있다고 한다. 특히 상체보다는 하체에서 유연성 감소가 두드러지게 나타난다. 그러므로 하체 유연성 운동에 조금 더 비중을 두고 운동을 해야 한다.

더불어 큰 근육들 위주로 유연함을 길러야 한다. 즉 허벅지를 두껍게, 엉덩이가 빵빵하게, 등 근육을 넓게, 어깨를 튼튼하게, 복부근육을 강하게 만들어야 한다. 그렇게 할 수 있는 운동 방법들이 이 책에 잘 정리되어 있다. 필자의 20년 노하우를 압축하여 정리하였다. 우리 몸의 근육이 700개면 최소 700개 이상의 운동동작이 있다. 필자는 이중 시니어에게 꼭 필요한 핵심 운동동작만 간추려 44개 동작으로 정리하였다. 수많은 실패와 성공 경험을 바탕으로 만들어진 '액티브시니어 운동', 곧 시작하겠다.

호흡법과 생활습관의 변화가 운동 효과를 높인다

모든 운동은 호흡에서 시작해서 호흡으로 끝난다. 실제로 호흡법에 대해서 터득하면 운동을 훨씬 편하게 할 수 있다. 말 그대로 체력을 기르기 위해서는 먼저 복식호흡을 잘 해야 한다. 많은 사람들이 알고 있는 '복식호흡'이란 엄밀히 말해서 완전한 '몸통 호흡'이다.

처음 듣는 생소한 말일 수 있겠지만 몸통호흡이란 몸통 구조에 있는 뼈와 근육, 폐가 동시에 유기적으로 움직이며 작동해야 한다는 뜻이다.

몸통의 구조

① 척추(경추7개, 흉추12개, 요추5개)라는 기둥이 등 쪽에서 버티고 있다

② 흉추(등뼈)에 연결된 갈비뼈 12쌍이 아치 형태(흉곽)로 붙어서 위쪽 그리고 옆과 앞쪽을 만든다.

③ 횡격막이 폐와 내장을 나누는 종 모양 형태의 얇은 막이 아래쪽에 위치한다.

④ 횡격막을 경계선으로 아래쪽에는 내장이 있는 복부가 위치한다.

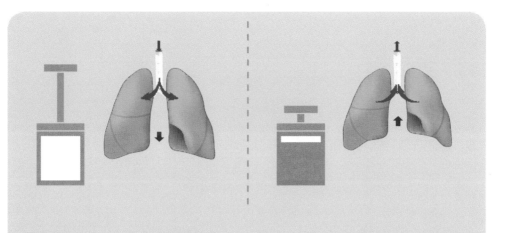

호흡 시 몸통 구조의 작동 원리

① 숨을 들이 마시면 횡격막이 배꼽방향으로 내려가고, 배가 앞으로 내밀어진다.

② 이와 동시에 폐가 확장되고, 흉곽(갈비뼈)이 앞뒤, 좌우, 위아래로 벌어진다.

③ 숨을 내쉬면 횡격막이 머리 쪽으로 올라가고, 배가 원래 위치로 돌아간다.

④ 이와 동시에 폐가 줄어들고 흉곽 또한 원래 위치로 돌아간다.

어렵게 얘기하면 보일의 법칙(Boyle's Law)에 의해 숨을 들이마시면 몸통이 커지면서 내부의 압력이 낮아져 공기가 몸 안으로 들어오게 되고, 숨을 내쉬면 몸통이 작아지면서 내부 압력이 높아져 공기가 몸 밖으로 나가게 된다. 몸통 크기의 변화와 내부와 외부의 압력차이로 공기의 교환이 일어나는 것이 바로 몸통호흡인 것이다.

몸통호흡법을 잘 사용하면 한 번에 들이마시고 내쉬는 호흡량을 늘릴 수 있다. 그러려면 먼저 몸통 구조에 있는 각 관절(척추, 갈비뼈)과 근육(횡격막, 복근, 갈비살)을 유연하게 만들어야 한다.

호흡량을 늘리는 방법

① 흉추(등뼈) 12개의 각 관절을 유연하게 만든다.

② 흉추와 연결된 갈비뼈 12쌍(24개)을 잘 벌어지게 만든다.

③ 횡격막은 자연스럽게 유연성을 갖게 된다.

④ 복부(코어)근육을 잘 단련한다.

호흡량까지 충분히 늘리면 체력을 기를 수 있는 기초가 완성되었다고 볼 수 있다. 몸통호흡은 코로만 하는 게 아니라 몸통 전체, 즉 가슴 부분과 배 부분이 유기적으로 움직이면서 일어난다. 그래서 '몸통호흡'이라고 부르는 것이다. 이러한 구조와 기능을 알면 숨을 쉴 때마다 움직이는 부위에 손을 대고(가슴과 배) 움직임을 느끼면서 호흡을 연습할 수 있다.

몸통 호흡의 혜택

① 더 많은 공기가 몸 안으로 들어오게 된다.

② 등이 펴지면서 자연스럽게 폐 용량이 커진다.

③ 바른 자세를 유지하게 되며 근육의 기능이 살아난다.

④ 산소 공급이 원활해지면서 움직임이 좋아지고 활력이 넘치게 된다.

바른 호흡 없이는 그 어떤 것도 좋아질 수 없다. 호흡이 핵심이다.

마지막으로 지금까지 누차 강조한 것처럼 생각을 하면서 운동을 해야 한다.

생활습관의 변화를 통해 운동 효과를 높여야 한다. '서캐디언 리듬(Circadian rhythm)'이라고 불리는 사람 본연의 생체리듬이 있다. 다른 말로 '생체시계'라고도 하는데, 이는 태어날 때부터 우리 몸에 새겨진 시간을 가리킨다. 이 생체시계에 따라 낮에는 교감신경이 활성화되어 깨어있고, 저녁에는 부교감신경이 활성화되어 잠이 들게 된다.

우리 몸은 생체시계에 맞춰 활동하거나 잠들도록 설계되어 있다. 그에 따라 타이밍에 맞추어 호르몬이 분비되면 몸 상태가 항상 일정한 상태로 유지되는 것이다. 그러므로 생체시계에 맞지 않는 생활을 하면 우리 몸의 호르몬이 제대로 분비되지 않기 때문에 아무리 좋은 음식을 먹고 운동을 해도 몸 상태가 좋아지지 않는다. 운동만으로 노화를 예방하고 좋은 몸 컨디션을 유지한다는 것은 거짓말이다. 운동과 함께 생활습관을 바꾸지 않으면 몸은 좋아지지 않는다.

운동을 하고 나면 몸이 개운해지지만 얼마 지나지 않아 또 원래 상태로 되돌아간다. 특히 수면에 문제가 발생하게 된다.

① 수면위상지연증후군(Delayed sleep syndrome)
 – 새벽 2–3시가 넘어서야 잠드는 현상
② 수면위상전진증후군(Advanced sleep phase syndrome)
 – 초 저녁에 잠이 들었다가 10–11시경 잠을 깨어 밤에는 잠을 이룰 수 없는 현상

위와 같은 현상은 누구에게나 일어날 수 있다. 운동과 함께 생활습관을 변화시키고 충분한 휴식을 취해야 노화를 지연시킬 수 있다. 몸 컨디션을 항상 좋게 유지하는 생활습관을 아래와 같이 제시해 본다. 아래 내용은 네고로 히데유키의 "호르몬밸런스"를 근거로 구성하였다.

01 저녁 10~11시 취침. 아침 5~6시 기상

 '7시간 수면'원칙을 지켜야 한다. 수면 중 '안티에이징호르몬'이라 불리는 '성장호르몬'(몸을 회복 · 재생시키는 역할)과 '멜라토닌'(면역기능을 향상시키는 역할) 분비가 촉진된다.

아침 6시에 잠이 깨고, 15시간 정도가 지난 저녁 9시가 되면 '멜라토닌'이 분비되어 부교감신경이 활성화되면서 졸리기 시작한다. 1~2시간 후 잠이 들면 3시간 동안 '성장호르몬'의 분비가 왕성해지면서 몸을 재생, 회복시킨다. 많은 연구에서 '7시간 수면' 원칙을 지키면 장수한다는 사실이 밝혀졌다.

(성장호르몬은 20세 최대, 60세 이후 1/4까지 줄어듦, 운동을 통해 생성가능)

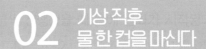

02 기상 직후 물 한 컵을 마신다

기상 직후 물 한 컵은 입속의 세균을 감소시킬 뿐 아니라, 교감신경을 활성화시킨다.

03 기상 후 한 시간 이내 식사를 한다

장시간의 수면 후 식사를 하지 않으면 몸이 에너지를 소비하기보다 지방으로 저장하려는 상태로 변화하게 된다. 또한 공복이 길어지면 스트레스호르몬인 '코티솔'의 분비가 증가된다.

(밥과 국 보다는 유제품이나 과일, 야채 주스가 좋다)

04 기상 후 아침햇빛을 맞으며 가벼운 운동을 실시한다

아침햇빛은 '행복호르몬'이라고 불리는 '세로토닌'을 분비시킨다.
세로토닌은 멜라토닌의 원료이기도 하다.
또한 가벼운 운동을 하면 혈액순환이 더 원활해진다.

05 오전 일과는 '90분 집중, 5분 휴식' 원칙을 지킨다

수면 시 깊은 수면인 '논렘수면'과 얕은 수면인 '렘수면'은 대체로 90~110분 주기로 반복된다.

이 뇌파 사이클은 낮에도 비슷하게 적용되므로 90분 사이클로 업무에 집중하는 것이 좋다.

사람마다 차이는 있겠지만 최소 60분에서 100분 사이, 평균 90분 정도가 뇌가 잘 활동할 수 있는 한계 시간이다. 그러므로 숭간에 반드시 5분 정도의 휴식을 취한다.

06 낮 12시 전후로 복식호흡과 걷기운동을 실시한다

12시 전후로 '세로토닌'의 분비가 절정을 이룬다. 이 때문에 이때 운동을 하면 '멜라토닌'의 활동효율을 높일 수 있다. 세로토닌은 멜라토닌의 원료로서 저녁시간 질 좋은 잠을 잘 수 있게 도와준다.

이 시간대 걷기운동이나 복식호흡을 하면 세로토닌 분비가 증가된다.

07 1시 점심식사도 규칙적인 시간에 배부르지 않게 먹는다

밥과 단백질 반찬, 채소 반찬의 비율은 3 : 1 : 2 의 비율이 이상적이고 단백질은 보조식품이 아닌 양질의 단백질을 섭취한다. 제일 중요한 것은 배가 부르지 않게, 배부름의 70% 정도로 섭취하는 것이다. 적당한 공복상태가 되면 몸을 재생시키는 '성장호르몬'의 분비가 증가된다. 과식을 하게 되면 급격하게 혈당치가 올라가고 혈당치를 낮추는 유일한 호르몬인 '인슐린'이 과도하게 분비되어 과부하를 일으키는 현상을 반복하게 된다. 점점 '인슐린' 효과가 떨어지고 고갈되어 당뇨병에 걸릴 위험이 커지기 때문이다.

08 오후 2시~5시 사이 좋은 사람을 만나 대화하거나 같이 운동하는 시간을 갖는다

'커뮤니케니션호르몬' 또는 '애정호르몬'이라고 부르는 '옥시토신'이라는 호르몬이 있다.
좋은 사람과 만나 대화하고 스킨쉽을 하면서 사교적이고
활동적인 생활습관을 유지하면
행복을 느끼고 스트레스에 의해 생기는 짜증도 줄어든다.

09 오후 6시 근육 운동을 한다

근육을 늘리면 DHEA(디하이드로에피안드로스테론)이라는 부신피질호르몬 즉 '성호르몬'이 증가한다. 이 호르몬은 아침에 일어나 바로 활동을 시작할 때 중요한 역할을 담당하며 근육의 유지, 성호르몬의 안정된 공급, 미네랄 밸런스 유지, 혈관의 유지 및 보수, 운동기능의 유지 같은 노화 예방을 담당한다.

근육운동은 5~10분이면 충분하다.

짧은 시간 지속적으로 하는 것이 좋다. 너무 긴 시간 운동하게 되면 오히려 근육이 손상을 입게 될 수 있다. 대부분의 근육은 운동 후 회복하는데 이틀(48시간)이 걸린다.

같은 운동을 매일하는 것보다 하루 걸러 하는 것이 좋다.

오늘 상체운동인 팔굽혀펴기를 했으면 다음날은 하체운동인 스쿼트를 하는 게 좋다.

10 6~8시 사이 저녁식사는 색깔 있는 식품, G.I.지수가 낮은 식품을 먹는다

저녁식사는 혈당을 많이 높이지 않는 음식 위주로 식사하는 것이 좋다.

음식 중에서도 혈당수치를 급격히 높이지 않는 음식들(GI지수가 낮은 식품)이 있다.

이러한 식품에는 현미, 콩류, 배추, 팽이버섯, 미역, 다시마, 시금치, 두부, 낫토, 사과, 배, 귤 등이 있다.

물론 GI지수가 높은 음식을 먹으면 가볍게 운동을 해야 한다.

또한 색이 있는 음식은 항산화 작용을 하는 식품으로 '폴리페놀' 성분이 들어있어 암과 치매 등의 예방에 효과가 있는 것으로 알려졌다. 이러한 식품에는 토마토, 당근, 연어, 브로콜리, 양파, 녹차, 커피 등이 있다.

11 잠들기 한 시간 전에는 반드시 TV와 핸드폰을 끈다

잠들기 전까지 TV와 핸드폰을 보다가 잠드는 경우가 많다. 하물며 TV를 틀어놓고 잠을 자기도 한다. 이는 숙면을 방해한다. 전자제품에서 나오는 전자파는 '멜라토닌'을 파괴하여 잠드는 것을 방해하고 신체리듬에 방해를 주는 것이다.

잠들기 최소 한 시간 전에는 조명을 조금 어둡게 하고, 책을 읽거나 가족과 대화를 하면서 차분한 상태로 잠자리에 든다.

잠들기 전 부교감신경을 활성화시키기 위해 방을 어둡게 하고 느긋한 시간을 갖어야 한다는 것이다. 그래야만 처음 얘기한 '안티에이징호르몬'인 '성장호르몬'과 '멜라토닌'이 활성화되어 몸을 재생하고 면역력을 높일 수 있다.

나쁜 생활습관으로 인한 고혈압, 당뇨, 비만 같은 생활습관병(Lifestyle related Disease)은 운동만으로 다 해결할 수 없다. 하루에 운동을 할 수 있는 시간은 많아야 2시간일 것이다. 그 이외의 시간을 얼마나 규칙적으로 생활하는가에 따라서 운동의 효과는 배가 될 수 있다. 지금 당장 규칙적인 생활을 하기는 힘들겠지만, 실행가능한 부분부터 시작해 보자.

제일 실천하기 쉬운 변화는 운동습관을 갖는 것이다. 꾸준히 오전, 오후 '액티브시니어 운동'을 실천하고, 걷기나 달리기를 통해 긍정적인 호르몬 분비를 증가시키면 질 좋은 수면을 할 수 있고 이는 항상 좋은 몸 컨디션을 유지할 수 있게 만들 것이다.

실제 나이는 숫자에 불과하다. 본인의 신체나이가 중요하다. 간단한 셀프 체력검사를 통해서 현재 본인의 신체나이가 평균치에 있는지 알아보자. 더 정확한 검사를 위해 한 명정도 도움을 줄 수 있는 사람이 있으면 좋다. 처음 검사를 실시하고 꾸준한 '액티브시니어 운동'을 진행한 후, 1달이나 2달에 한 번씩 재측정을 해서 몸의 변화를 측정해 보자. 본검사는 "Senior Fitness Test(SFT)메뉴얼"을 근거로 하였다.

준비물: 의자, 초시계, 30센티 플라스틱 자 또는 줄자, 덤벨 2kg 또는 3kg

3부

셀프
체력검사

30초 의자에서 앉았다 일어나기

① 검사 목적

하체 근력을 확인하는데 목적이 있다.

② 방법

양팔을 가슴에 교차하고 30초 동안 의자에서 일어서고 앉기를 몇 번 했는지 검사한다.

③ 유의사항

- 중간에 휴식을 취할 수 있지만 초시계는 멈추지 않는다.
- 일어섰을 때는 완벽하게 상체를 세우고 무릎을 펴야 한다.

*남녀의 정상 범위

나이(세)	60~64	65~69	70~74	75~79	80~84	85~89	90~94
남자(회)	14~19	12~18	12~17	11~17	10~15	8~14	7~12
여자(회)	12~17	11~16	10~15	10~15	9~14	8~13	4~11

스마트 폰을 이용해
카메라로 QR코드를
스캔하시면 자세한 동작을
영상으로 보실 수 있습니다.

셀프 체력검사

아래 팔 굽히기

① 검사 목적

상체 근력을 확인하는데 목적이 있다.

② 방법

여성은 2kg, 남성은 3kg 덤벨(아령)을 한 손에 잡고 30초 동안 완전히 팔꿈치를 폈다 구부리기를 몇 번 했는지 검사한다.

③ 유의사항

- 휴식을 취할 수 있지만 초시계는 멈추지 않는다.
- 한 팔만 진행하며 팔꿈치를 완전히 펴고 접어야 한다.

*남녀의 정상 범위

나이(세)	60~64	65~69	70~74	75~79	80~84	85~89	90~94
남자(회)	16~22	15~21	14~21	13~19	13~19	11~17	10~14
여자(회)	13~19	12~18	12~17	11~17	10~16	10~15	8~113

스마트 폰을 이용해
카메라로 QR코드를
스캔하시면 자세한 동작을
영상으로 보실 수 있습니다.

2분 제자리 걷기

① 검사 목적

전신지구력을 검사하는데 목적이 있다.

② 방법

무릎과 허벅지 중간 높이를 벽이나 의자에 표시를 한다.

2분간 그 높이까지 좌우 무릎을 번갈아 들어올린 횟수를 측정한다.

③ 유의사항

· 휴식을 취할 수 있지만 초시계는 멈추지 않는다.

· 반드시 한쪽 무릎을 번갈아 들어올리며 표시해 놓는 선까지 들어올린 횟수만 성공한 것으로 간주한다.

*남녀의 정상 범위

나이(세)	60~64	65~69	70~74	75~79	80~84	85~89	90~94
남자(회)	87~115	86~116	80~110	73~109	71~103	59~91	52~86
여자(회)	75~107	73~107	68~101	68~100	60~91	55~85	44~72

스마트 폰을 이용해
카메라로 QR코드를
스캔하시면 자세한 동작을
영상으로 보실 수 있습니다.

등 뒤에서
손 마주 잡기

① 검사 목적

어깨의 유연성을 측정하는데 목적이 있다.

② 방법

양손을 등 뒤로 보내 손가락이 닿도록 하는데 이때 손가락 사이의 거리를 측정한다.('+'는 손이 만난 상황. '-'는 손이 안 만난 상황)

③ 유의사항

· 손을 보내기 위해 무리하게 고개를 숙이거나 등을 구부려서는 안된다.

· 팔을 뒤로 넘겨 10초 이상 지나지 않은 상태로 체크한다.

*남녀의 정상 범위

나이(세)	60~64	65~69	70~74	75~79	80~84	85~89	90~94
남자(cm)	−16~+0.0	−19~−2.5	−20~−5	−22~−5	−24~−5	−25~−7.5	−27~−10
여자(cm)	−7.5~+3.5	−8~+3.5	−10~+1.5	−12.5~+1	−14~+0	−17.5~−2.5	−20~−2.5

스마트 폰을 이용해
카메라로 QR코드를
스캔하시면 자세한 동작을
영상으로 보실 수 있습니다.

셀프 체력검사

57

앉아서 발끝 잡기

① 검사 목적

하체의 유연성을 측정하는데 목적이 있다.

② 방법

의자 앞 부분에 앉아 한쪽 발을 길게 뻗고, 상체를 숙여 손끝으로 발끝을 닿게 하여 측정한다.('+'는 손가락 끝이 발끝을 넘어갔을 때. '-'는 손가락이 발 끝에 안 닿았을 때)

③ 유의사항

- 반드시 발목을 몸 쪽으로 당겨서 실시한다.
- 상체를 숙인 상태로 10초 이상 넘어가지 않은 상태로 체크한다.

*남녀의 정상 범위

나이(세)	60~64	65~69	70~74	75~79	80~84	85~89	90~94
남자(cm)	−6~+10	−7.5~+7.5	−8.5~+6	−10~+5	−14~+3.5	−14~+1	−16.5~+1
여자(cm)	−1~+3.5	−1~+11.5	−2.5~+10	−3.5~+8.5	−5~+7.5	−6~+6	−11.5~+2.5

스마트 폰을 이용해
카메라로 QR코드를
스캔하시면 자세한 동작을
영상으로 보실 수 있습니다.

셀프 체력검사

눈 감고 외발서기

① 검사 목적

전신의 평형성(균형감각)을 측정하는데 목적이 있다.

② 방법

한 다리를 접어서 들고 외발 선 상태로, 양손을 가슴에 교차한 상태로 측정한다.

③ 유의사항

· 들고 있는 다리가 바닥에 떨어지는 순간까지 체크한다.

· 무릎이 허벅지 중간까지 들고 있어야 한다.

· 눈을 감고 검사할 때, 팔과 다리를 든 상태에서 눈을 감는 순간부터 시간을 체크한다(눈을 감는 검사는 위험할 수 있으므로 실시하지 않아도 무방함).

· 3회를 실시하여 평균값을 기록한다.

*남녀의 정상 범위

나이(세)	실시평균	50~59	60~69	70~79	80~89
남자(초)	눈뜨고 3회	36	25.1	11.3	7.4
여자(초)		38.1	28.7	18.3	5.6
남자(초)	눈 감고 3회	5	2.5	2.2	1.4
여자(초)		4.5	3.1	1.3	1.3

스마트 폰을 이용해
카메라로 QR코드를
스캔하시면 자세한 동작을
영상으로 보실 수 있습니다.

액티브시니어 운동(Active Senior Exercise)은 '3 · 6 · 30 운동'이다. 즉 주 3회 이상, 꾸준히 6개월 이상, 한 번에 30분씩 진행했을 때 몸에 변화가 시작된다(6개월 정도를 꾸준히 했다면 매일 운동하게 될 것이다). 이렇게 1년 정도의 시간이 지나면 자신의 몸이 굳이 생각하지 않아도 바르게 움직이는 것을 발견하게 될 것이다. 이러한 운동과 동시에 매일 걷기를 실행해야 한다. 그러면 최종적으로 잘 달릴 수 있는 몸의 컨디션이 만들어진다.

자, 그럼 순서대로 따라 하기만 하면 움직임이 좋아지는 최고의 운동 프로그램을 시작해 보자! 누워서 시작~

준비물: 폼롤러, 수건 또는 테라 밴드

액티브시니어 운동 START!

1

누운 자세

LYING POSITION

목 아래 풀기

목은 7개의 뼈(C1~C7)로 이루어져 있고, 목뼈 1~2번 사이 관절은 많은 움직임이 일어나야 한다. 아래 5~7번은 잘 고정시켜 주는 역할을 해야 한다. 나이가 들수록 목 위쪽 C1~2번은 잘 쓰지 않게 된다. 반면 목 아래쪽 C3~7이 많이 사용되어 근육이 굳어지고 목의 봉승이 많아질 수 있다.

① 운동 목적

목 근육을 풀어주고 관절 움직임을 활성화시킨다.

② 운동 방법

· 목 위쪽 후두골(뒤통수 아래쪽 살짝 튀어 나온 곳)에 폼롤러를 위치시킨다.

· 목을 좌우로 돌려주면서 풀어준다.

· 편한 느낌이 들 때까지 실시한다.

* 땅콩볼 이용가능

스마트 폰을 이용해
카메라로 QR코드를
스캔하시면 자세한 동작을
영상으로 보실 수 있습니다.

등(흉추)펴고 몸통호흡하기

등은 12개의 척추뼈(T1~T12)로 이루어져 있고 갈비뼈와 연결되어 있으며 자세와 호흡에 깊은 관련이 있다. 나이가 들수록 등이 굽어지면서 관절 또한 굳어간다. 어느 관절보다 유연해야 하며 뒤로 잘 젖히고 돌릴 수 있어야 한다.

① 운동 목적

굽은 등을 펴주고 편한 호흡을 만들어 준다.

② 운동 방법

- 날개뼈 아래쪽에 폼롤러를 위치시킨다.
- 양손을 머리 뒤로 손깍지를 끼고 정수리가 바닥에 닿을 정도로 뒤로 젖혀준다.
- 무릎을 구부린 상태로 만들어 허리의 부담감을 줄여준다.
- 허리에 부담이 없다면 다리를 펴도 된다.
- 코로 숨을 들이마시면서 배를 내밀고,
- 입을 작게 벌려 호흡을 내쉬면서 배를 집어넣는다.
- 10회 이상 실시

* 땅콩볼 이용가능

스마트 폰을 이용해
카메라로 QR코드를
스캔하시면 자세한 동작을
영상으로 보실 수 있습니다.

등(흉추) 비비기

등이 굽으면 척추뼈 사이인대 또한 늘어나면서 굳게 된다.

직접적으로 사이인대를 자극하여 뻣뻣함을 풀어주어야 한다.

① 운동 목적

굽은 등을 펴고 몸통의 회전량을 늘려준다.

② 운동 방법

- 날개뼈 아래쪽에 폼롤러 또는 땅콩볼을 위치시킨다.

- 엉덩이를 폼롤러 높이만큼 들어올린다.

- 발바닥을 고정하고 무릎을 접었다 펴면서 위아래로 움직인다.

– 20회 이상 실시

* 땅콩볼 이용가능

스마트 폰을 이용해
카메라로 QR코드를
스캔하시면 자세한 동작을
영상으로 보실 수 있습니다.

광배근(넓은등근) 비비기

광배근은 등의 가장 넓은 부분을 차지하는 근육이다. 늘어나면서 뻣뻣해지면 등이 앞으로 굽게 만들고, 어깨를 아프게 만든다. 이 근육을 잘 이완시키면 등이 펴지는 것과 동시에 팔을 잘 들어올릴 수 있게 된다.

① 운동 목적

광배근을 잘 풀어주어 등을 펴고 팔을 편안히 올리게 한다.

② 운동 방법

- 약간 대각선으로 누워 폼롤러를 겨드랑이 사이에 위치시킨다.
- 손을 머리 뒤에 놓는다.
- 다리를 접으면서 엉덩이를 살짝 들어올린다.
- 겨드랑이부터 갈비뼈 위쪽까지 비벼준다.
- 20회 이상 실시

* 땅콩볼 이용가능

스마트 폰을 이용해
카메라로 QR코드를
스캔하시면 자세한 동작을
영상으로 보실 수 있습니다.

4부
액티브시니어 운동 START!

허리 펴고
몸통호흡하기

허리는 5개의 뼈(L1~L5)로 이루어져 있고, 몸의 중심부에 위치해 있다.

중심부에 있는 허리는 튼튼해야 한다.

허리를 감싸고 있는 근육은 유연하면서도 강해야 한다.

① 운동 목적

허리의 움직임을 원활하게 하고 호흡량을 늘려준다.

② 운동 방법

· 폼롤러를 꼬리뼈 중간에 위치시킨다.

· 한 손은 가슴에, 한 손은 복부에 올려둔다.

· 코로 숨을 들이마시면서 배를 내밀고,

· 입을 작게 벌려 호흡을 내쉬면서 배를 집어넣는다.

- 10회 이상 실시

* 허리에 불편함이 있으면 땅콩볼을 이용하는 것이 좋다.

스마트 폰을 이용해
카메라로 QR코드를
스캔하시면 자세한 동작을
영상으로 보실 수 있습니다.

고관절 굽힘근 (장요근) 늘리기

장요근이라는 근육은 허리의 앞쪽에 붙어서 다리뼈로 연결되어 있다.

이 근육이 짧아지면 허리뼈를 강제로 앞쪽으로 끌어당기면서 허리에 통증을 만들어 낸다.

① 운동 목적

장요근을 이완시켜 허리의 변형을 방지하고 통증을 감소시킨다.

② 운동 방법

- 폼롤러를 꼬리뼈 중간에 위치시킨다.

- 한쪽 무릎을 가슴 쪽으로 당긴다.

- 반대쪽 무릎을 곧게 뻗어서 바닥에 닿도록 한다.

- 편하게 몸통호흡을 실시한다.

– 한쪽당 10회씩 호흡할 시간 동안 실시

* 땅콩볼 이용가능

스마트 폰을 이용해
카메라로 QR코드를
스캔하시면 자세한 동작을
영상으로 보실 수 있습니다.

6-1
5060 HOME TRAINING

다리꼬아 당기기
(이상근)

당겼던 다리를 반대 다리에 올려서 꼬아주고 가슴 쪽으로 당긴다. 20초 이상유지
엉덩이 뒤쪽에 짧아져 있는 엉덩이 속 근육(이상근)을 풀어주어서 허리와 다리
에 편안함을 줄 수 있다. 이 근육이 짧아지면 가짜 허리통증을 만들어 낸다.

스마트 폰을 이용해
카메라로 QR코드를
스캔하시면 자세한 동작을
영상으로 보실 수 있습니다.

두 다리 벌리고 모으기

고관절의 가동범위가 줄면 허리, 골반 통증을 만들어 낼 수 있다.

특히, 허벅지 안쪽 근육(내전근)이 짧아지게 되면 골반을 비틀어지게 만들고, 무릎에 통증을 만들어 낼 수 있다. 걸음걸이에 문제를 일으킬 수 있는 근육이기도 하다.

① 운동 목적

고관절의 가동범위 증가와 허벅지 안쪽 근육의 유연성을 증가시킨다.

② 운동 방법

- 폼롤러를 꼬리뼈 위쪽에 위치시킨다.
- 양손으로 폼롤러의 끝을 잡아 고정시킨다.
- 두 다리를 벌려 10초 정도 그대로 유지한다.
- 다리를 모았다 벌리는 동작을 20회 실시한다.
- 다시 한 번 다리를 벌려 10초 정도 그대로 유지한다.

* 땅콩볼 이용가능

스마트 폰을 이용해
카메라로 QR코드를
스캔하시면 자세한 동작을
영상으로 보실 수 있습니다.

양 무릎 당기고 골반 비틀기

골반은 천골(엉치뼈), 장골(엉덩뼈), 좌골(궁둥뼈)라는 3개의 뼈가 결합한 구조이다. 골반은 몸통의 가장 하단 부에 있으면서 흔들리지 않는 안정적인 구조여야 하는데 나이가 들면서 약해지고 흔들리면서 비틀어진다. 골반 안에 담겨 있는 장기들의 이상을 만들어 낼 수도 있다. 골반을 감싸고 있는 근육, 허리관절을 튼튼하게, 고관절은 유연하게 만들면 안정적으로 흔들리지 않을 수 있다.

① 운동 목적

복부와 허리의 근육을 강화시키고, 골반을 튼튼하게 만든다.

② 운동 방법

· 꼬리뼈 위쪽에 폼롤러를 위치시킨다.

· 양손으로 폼롤러의 끝을 잡아 고정시킨다.

· 무릎을 접어 가슴 쪽으로 당긴다.

· 좌우로 무릎이 가도록 골반 전체를 비틀어준다.

– 20회 이상 실시

* 땅콩볼 이용가능

스마트 폰을 이용해
카메라로 QR코드를
스캔하시면 자세한 동작을
영상으로 보실 수 있습니다.

9

5060 HOME TRAINING

다리 뻗어서 버티기

다리를 뻗을 때는 허벅지, 엉덩이, 복부의 가장 큰 근육에 힘이 들어간다.
가장 크면서도 가장 약해지기 쉬운 근육이다. 이 세 가지 근육 중 어느 하나에 힘이 빠지면 제대로 버티기 힘들다. 이 3개의 근육이 코어(Core)근육의 핵심이다.

① 운동 목적

허벅지, 엉덩이, 복부의 근육을 강화시킨다.

코어근육(몸의 중심부)을 강화시킨다.

② 운동 방법

- 꼬리뼈 위쪽에 폼롤러를 위치시킨다.

- 양손으로 폼롤러의 끝을 잡고 고정시킨다.

- 두 다리를 뻗어 지면과 45도 이하로 내린다.

- 이때 호흡은 "훅~훅~" 소리가 나도록 입으로 짧게 내쉬면서 버틴다.

- 20초 이상 버티기

* 허리가 아프고 버티기 힘들면 다리를 90도까지 들어올린 상태로 시작한다.

* 땅콩볼 이용가능

스마트 폰을 이용해
카메라로 QR코드를
스캔하시면 자세한 동작을
영상으로 보실 수 있습니다.

무릎 접어 엉덩이 들어 올리고 내리며 몸통호흡

'엉덩이는 왕'이다. 즉 가장 강해야 하는 근육이다.

엉덩이는 허리와 다리를 연결하는 고리 역할을 할 뿐 아니라, 몸을 바르게 세우는 데 핵심 역할을 한다. 이 근육이 약해지면 골반이 앞뒤좌우로 흔들리게 된다.

① 운동 목적

엉덩이 근육을 강화시키고 허리의 튼튼함을 만든다.

② 운동 방법

· 무릎을 90도 접어 발바닥을 폼롤러 위에 올려둔다.

· 호흡을 들이마시면서 엉덩이를 들어올린다(배를 최대한 밀어올림).

· 호흡을 내쉬면서 엉덩이를 바닥에 붙인다(배를 배꼽 쪽으로 강하게 집어넣는다).

- 10회 실시

* 땅콩볼 이용가능

스마트 폰을 이용해
카메라로 QR코드를
스캔하시면 자세한 동작을
영상으로 보실 수 있습니다.

4부
액티브시니어 운동 START!

종아리 풀기

몸의 최 하단부에 위치한 종아리를 '제 2의 심장' 이라고 부른다.
종아리 근육이 뻣뻣하고 약하면 밑으로 내려온 혈액이 다시 심장으로 돌아가기 힘들다. 그래서 심장은 더 많은 일을 하게 되는데, 이 때문에 심장에 이상을 만들어 낼 수 있나.

① 운동 목적

종아리 근육의 뻣뻣함을 풀어준다.

② 운동 방법

- 폼롤러를 종아리 근육의 끝에 위치시킨다.
- 다리를 주먹 2개 정도 간격으로 벌린다.
- 엄지발가락 부딪히기를 실시한다.
- 100회 이상 실시

* 땅콩볼 이용가능(한발씩 따로 실시)

스마트 폰을 이용해
카메라로 QR코드를
스캔하시면 자세한 동작을
영상으로 보실 수 있습니다.

옆으로 누워 몸통(흉추) 비틀기

몸통을 좌우로 잘 비틀 수 있다면(흉추회전) 목, 어깨, 허리를 편하게 만들 수 있다. 몸통이 일을 못해서 나머지 부분들이 고생이다. 길게 뻗은 다리쪽 엉덩이와 허벅지에 힘을 주고 복부를 꽉 조일 수 있어야 한다.

① 운동 목적

몸통(흉추)의 회전을 증가시킨다.

② 운동 방법

· 옆으로 누워 윗 무릎을 90도 접어 폼롤러 위에 올려둔다.

· 한쪽 손을 머리 뒤에 두고 호흡을 내쉬며 배를 단단히 조이고 몸통을 비튼다.

· 팔꿈치를 바닥에 붙이는 게 아니라 등을 바닥에 붙여야 한다.

· 들이마시면서 원래 위치로 돌아온다.

· 이때 날개뼈를 조이지 않도록 주의한다.

- 10회 이상 반복한다.

몸통(흉추)비튼
상태로 호흡하기

10번을 다 실시하고 최대로 몸을 비튼 상태에서 몸통과 복부가 움직이면서 호흡을 5번 이상 실시한다. 몸이 꽈배기처럼 꼬인 상태에서도 호흡을 편안하게 할 수 있어야 한다. 그래야만 걷거나 뛰어도 허리의 통증이 없고 체력을 기를 수 있다.

스마트 폰을 이용해
카메라로 QR코드를
스캔하시면 자세한 동작을
영상으로 보실 수 있습니다.

(수건/테라밴드걸고) 다리 올리고 내리기

허벅지 뒤쪽 햄스트링은 항상 짧아지는 경향이 있다. 너무 많이 사용하여, 잘 늘어나지 않아 문제가 생긴다. 엉덩이부터 무릎 뒤쪽까지 연결된 긴 3갈래 근육이 짧아지면 허리를 아프게 하고, 골반이 틀어지게 하며, 무릎까지 이상을 일으킨다.

가장 많이 유연성 운동을 해야 하는 부분이다.

① 운동 목적

햄스트링(Hamstring)의 유연성을 향상시킨다.

② 운동 방법

· 수건이나 테라밴드를 이용하여 발바닥에 걸고 양손으로 잡아준다.

· 다리를 최대한 편 상태로 유지한다.

· 이때 등이 바닥에서 들리지 않도록 뒤통수를 바닥에 붙인다.

· 아래로 뻗어 있는 다리를 올리고 내린다.

- 10회 반복한다.

* 수건을 걸어둔 다리 쪽의 햄스트링이 당기는 느낌이 든다.

스마트 폰을 이용해
카메라로 QR코드를
스캔하시면 자세한 동작을
영상으로 보실 수 있습니다.

13-1
5060 HOME TRAINING

다리
바깥쪽으로 뻗기

한 손으로 수건을 잡고 수건을 걸어둔 다리를 곧게 뻗어서 몸 바깥쪽으로 벌린다.

이때 다리가 다 안 펴진다면 접었다 폈다를 반복한다.

- 20초 이상 버티기

스마트 폰을 이용해
카메라로 QR코드를
스캔하시면 자세한 동작을
영상으로 보실 수 있습니다.

다리
안쪽으로 뻗기

다리를 가운데로 다시 들어올리고, 반대손으로 바꿔 잡아 몸 안쪽으로 다리를 뻗는다. 이때 다리가 다 안 펴진다면 접었다 폈다를 반복한다.

- 20초 이상 버티기

스마트 폰을 이용해
카메라로 QR코드를
스캔하시면 자세한 동작을
영상으로 보실 수 있습니다.

상체
들어올려 버티기

양손으로 수건의 끝을 잡고 의도적으로 상체를 들어올려 복부 힘으로 버텨준다.

만약 등을 펼 수 있다면 등을 펴면서 버텨주면 더 좋다.

- 10회 이상 반복한다.

4부
액티브시니어 운동 START!

엉덩이 들어올리고 무릎 벌리며 버티기

무릎을 벌리는 것은 중둔근이라는 엉덩이 근육이 힘을 잘 써야 한다.

이 근육이 약하면 걸을 때 골반이 좌우로 밀리면서 걸음이 이상해지고,

무릎까지 통증이 생길 수 있다.

① 운동 목적

엉덩이근육(중둔근)을 강화시키고, 골반의 흔들림을 막는다.

② 운동 방법

- 무릎 바깥쪽으로 수건이나 테라밴드를 묶어 둔 상태를 만든다.

- 무릎을 접어 엉덩이를 들어 올리면서 무릎을 최대한 벌린다.

- 최대한 벌리면서 10초를 버틴다. – 3번 이상 반복

- 이때 호흡은 "훅~훅~" 소리가 나도록 짧게 내쉬면서 버틴다.

* 운동 중 호흡을 멈추면 혈압이 올라갈 수 있다.

스마트 폰을 이용해
카메라로 QR코드를
스캔하시면 자세한 동작을
영상으로 보실 수 있습니다.

엉덩이 들어올리고
무릎 모아 버티기

허벅지 안쪽의 근육은 나이가 들수록 약해져서 나도 모르게 다리가 벌어진다. 좌우의 힘 크기가 다르면 골반 특히 치골결합의 이상을 만들어 요실금이나 비뇨기계의 문제를 만들 수도 있다.

① 운동 목적

허벅지 안쪽(내전근)의 근육을 강화시키고 골반의 흔들림을 막는다.

② 운동 방법

· 무릎 안쪽에 폼롤러를 위치한다.

· 엉덩이를 들어올리면서 무릎 사이를 꽉 조인다.

· 최대한 모으면서 10초를 버틴다.

– 3회 이상 반복한다.

스마트 폰을 이용해
카메라로 QR코드를
스캔하시면 자세한 동작을
영상으로 보실 수 있습니다.

공처럼 구르기

근육은 적절한 길이가 유지되어야 하는데 너무 짧아도, 너무 길어도 약해지게 된다. 나이가 들어 등이 굽어지면 복부근육이 짧아지면서 약해지게 된다.
의도적으로 등을 더 둥글게 말아서 복부에 힘을 줄 수 있어야 한다.

① 운동 목적

복부의 힘을 기르고, 상·하체 힘의 조화를 만든다.

② 운동 방법

- 무릎을 가슴 쪽으로 당겨서 양손으로 무릎 뒤쪽을 잡는다.
- 의도적으로 등을 둥글게 말면서 상체를 들어올린다.
- 마치 공처럼 몸을 둥글게 말고 앞뒤로 구른다.
- 뒤로 구를 때 뒤통수가 부딪히지 않도록 조심한다.
- 뒤꿈치가 바닥에 닿을 때까지 앞으로 굴러준다.
- 10회 이상 반복한다.

스마트 폰을 이용해
카메라로 QR코드를
스캔하시면 자세한 동작을
영상으로 보실 수 있습니다.

57년생 男

주 1회, 운동기간 6년

직업

치과 전문의

키, 몸무게

키:178cm 몸무게: 75

운동 빈도

주 1회 개인레슨

최초 몸 상태

일상생활을 제외한 운동이 거의 없는 상태

관절의 경직도가 심함 (특히 목, 어깨, 허리, 고관절)

전신근육이 뻣뻣함, 상체를 숙여 손끝이 무릎 아

래로 내려오지 않음, 온몸의 뻐근함을 호소

운동 목표

전신 유연성 증가와 체력 향상

운동 계획

(1) 신체기능 향상

　　① 관절의 가동범위 증가

　　- 어깨, 흉추, 고관절의 가동범위 증가 운동

　　② 근육의 유연성 증가

　　- 햄스트링, 대퇴사두근, 종아리, 광배근, 승모근

　　③ 근력 증가

　　- 스쿼트, 데드리프트, 교차런지

　　④ 체력 향상

　　- 달리기, 케틀벨스윙

(2) 통증 경감

　　① 족저근막염

　　- 발목의 유연성 증가, 종아리 근육 이완

　　- 족저근막 땅콩볼 마사지

운동 결과

6년 이상 운동으로 체력과 근력이 나이대 남성보다 좋게 나타남.

관절 가동범위 증가와 전신 유연성 증가로 몸의 통증은 거의 없어짐.

테니스와 스노우보드를 취미생활로 즐김.

앉은 자세

SITTING POSITION

고관절 좌우 비틀기

고관절은 가동범위가 좋으면서도 강해야 하는 관절이다.

눕고, 앉고, 서고, 일어서는 등 모든 생활동작에서 가장 힘을 많이 받는다.

다리 힘은 강하지만 고관절의 가동범위가 좋지 않다면 뚝뚝 소리가 나거나 큰 통증을 만들어 낼 수 있다. 주무르고 마사지 받는다고 해결되지 않는다.

많이 움직이고 근력을 강화시켜야 한다.

① 운동 목적

고관절의 가동범위를 넓히고 움직임을 부드럽게 한다.

② 운동 방법

- 양손을 등 뒤 쪽 바닥에 고정한다.
- 등을 펴면서 상체 전체를 고정한다.
- 양 무릎을 접어 한쪽 무릎을 세우고 반대 무릎을 안쪽으로 비틀어준다.
- 반대쪽도 같은 방식으로 교차하면서 실시한다.
- 무릎 안쪽이 바닥에 닿을 때까지 비틀 수 있어야 한다.
- 20회 이상 반복한다.

스마트 폰을 이용해
카메라로 QR코드를
스캔하시면 자세한 동작을
영상으로 보실 수 있습니다.

새댁자세
몸통비틀기

몸통의 회전은 어떤 상황에서도 잘 되어야 한다.

앉은 상태에서도 자주 반복해야 한다.

① 운동 목적

고관절의 가동범위 향상과 흉추회전(몸통비틀기)을 증가시킨다.

② 운동 방법

- 양 무릎을 한쪽 방향으로 돌려서 앉는다(한쪽은 양반다리, 반대쪽은 무릎 안쪽이 바닥에 닿게).
- 양반다리를 한쪽으로 상체 전체를 비튼다.
- 가슴이 허벅지 안쪽에 닿도록 회전시킨다.
- 그 상태를 유지하면서 20초 이상 몸통호흡을 한다.

스마트 폰을 이용해
카메라로 QR코드를
스캔하시면 자세한 동작을
영상으로 보실 수 있습니다.

3

엎드린 자세

PRONE POSITION

엎드려 발목
잡고 당기기

허벅지(대퇴사두근)는 점점 힘을 잃어간다. 동시에 늘어나면서 뻣뻣해진다

뻣뻣한 근육을 유연하게 하지 못하면 힘을 쓸 수 없다.

뻣뻣한 허벅지근육 때문에 무릎 통증이 생기기도 한다.

① 운동 목적

허벅지근육의 유연성을 증가시킨다.

② 운동 방법

· 엎드린 상태에서 무릎을 접어 한쪽 손으로 같은 쪽 발목을 잡는다.

· 뒤꿈치가 엉덩이에 닿을 수 있도록 한다.

– 20초 이상 실시

* 발목이 잡히지 않는다면 무리해서 할 필요는 없다. 수건을 발등에 걸고 실시 가능

스마트 폰을 이용해
카메라로 QR코드를
스캔하시면 자세한 동작을
영상으로 보실 수 있습니다.

큰 대자로 누워서
몸통비틀기

몸을 비트는 것만으로 복부와 허리의 힘을 키울 수 있다.

① 운동 목적

몸통의 유연성과 근력을 증가시킨다.

② 운동 방법

· 한 팔을 귀 옆으로 곧게 뻗어 올려준다.

· 반대편 팔과 몸통을 뒤로 돌려 몸통을 비틀어준다.

· 이때 두 다리는 큰 대(大) 자로 길게 뻗어 준다.

· 몸통을 비튼 상태를 유지하면서 몸통호흡을 한다.

– 10초 이상

스마트 폰을 이용해
카메라로 QR코드를
스캔하시면 자세한 동작을
영상으로 보실 수 있습니다.

상체 들어올리기

목부터 엉덩이까지의 등줄기 근육이 강하지 못하면 척추뼈(목,허리)가 삐끗하는 일이 많이 발생할 수 있다.

① 운동 목적

등부터 엉덩이까지의 근력을 강화시킨다.

② 운동 방법

· 양 손바닥을 어깨 높이에 둔다.

· 팔을 밀어 상체를 들어 올리면서 호흡을 들이마신다(5초 이상).

· 팔을 다 밀었을 때 어깨가 귀와 가까워지면 안 된다.

· 엉덩이를 최대한 꽉 조여 힘을 준다.

· 팔꿈치를 접어 가슴이 바닥에 닿게 하면서 호흡을 내쉰다(5초 이상).

-10회 이상 실시

스마트 폰을 이용해
카메라로 QR코드를
스캔하시면 자세한 동작을
영상으로 보실 수 있습니다.

무릎 벌려 웅크리기

근육을 조였으면 반드시 풀어줘야 한다.

계속 근육에 힘을 주면 금방 지치고 오히려 약해진다.

① 운동 목적

강하게 조였던 등줄기 근육을 풀어준다.

② 운동 방법

- 엉덩이가 뒤꿈치에 닿을 때까지 숙여준다.
- 이때 발가락은 모으고 무릎은 몸통보다 넓게 벌려야 한다.
- 그 상태로 20초 몸통호흡을 한다.

스마트 폰을 이용해
카메라로 QR코드를
스캔하시면 자세한 동작을
영상으로 보실 수 있습니다.

테이블 자세에서 웅크리기

등을 곧게 편 상태를 유지할 수 있고, 고관절의 유연함이 있어야 바른 자세를 만들 수 있다. 등을 펴면 어깨도 강해진다. 또한 허리 통증을 예방하거나 줄일 수 있다.

① 운동 목적

강한 어깨 · 허리를 만들고, 고관절의 가동범위를 증가 시킨다.

② 운동 방법

- 양 손을 바닥에 두고 등을 최대한 평평하게 만든다(테이블자세).
- 무릎을 최대한 벌리고 엄지발가락이 맞닿도록 한다.
- 등을 편 상태를 유지하면서 엉덩이가 뒤꿈치에 닿을 때까지 고관절을 굽힌다.
- 등이 굽지 않고 어깨가 귀에 가까워지지 않도록 한다.
- 20회 이상 실시

스마트 폰을 이용해
카메라로 QR코드를
스캔하시면 자세한 동작을
영상으로 보실 수 있습니다.

다리 벌려 테이블 자세에서 웅크리기

햄스트링은 3갈래의 근육이다. 여러 가지 방법으로 이 근육의 유연성을 늘려야 한다. 이전 동작보다 조금 더 어렵지만 반드시 할 수 있어야 한다.

① 운동 목적

등을 펴주고 고관절을 유연하게 하며, 동시에 햄스트링의 유연성 증가시킨다.

② 운동 방법

• 한쪽 다리를 몸통과 90도가 되도록 옆으로 벌린다.

• 등을 편 상태를 유지하면서 엉덩이가 바닥에 닿을 때까지 고관절을 굽힌다.

– 20회 이상 실시

01

02

X

안좋은 자세
처음엔 누구나 이렇다

스마트 폰을 이용해
카메라로 QR코드를
스캔하시면 자세한 동작을
영상으로 보실 수 있습니다.

허벅지 비비기

허벅지(대퇴사두근)를 강하게 하고 싶다면 늘어나 굳은 근육을 풀어줘야 한다.
허벅지 근육이 뻣뻣해지면 무릎의 통증이 생길 수 있다.

① 운동 목적

허벅지 근육의 유연성을 증가시키고, 무릎 통증은 감소시킨다.

② 운동 방법

- 무릎 위쪽에 폼롤러를 위치시킨다.
- 팔꿈치를 바닥에 대고 엎드린 자세를 만든다.
- 팔꿈치를 바닥에 고정시킨 상태로 팔을 폈다 접기를 반복한다.
- 20회 이상 실시

* 땅콩볼 이용가능

스마트 폰을 이용해
카메라로 QR코드를
스캔하시면 자세한 동작을
영상으로 보실 수 있습니다.

무릎으로 서기

다시 말하지만 엉덩이 근육은 왕이다. 왕이 강해야 한다.

가장 강력하게 엉덩이에 힘을 줄 수 있다.

① 운동 목적

엉덩이 근육을 강화시킨다.

② 운동 방법

- 등을 곧게 펴고, 무릎을 꿇고 앉는다.
- 골반을 앞으로 밀면서 들어올리고 앉는 동작을 반복한다.
- 앉을 때도 등을 곧게 편 상태를 유지한다.
- 들어올릴 때마다 엉덩이에 의도적으로 힘을 줘야 한다.

-20회 이상 실시

스마트 폰을 이용해
카메라로 QR코드를
스캔하시면 자세한 동작을
영상으로 보실 수 있습니다.

런지 고관절 굴곡근 (장요근) 스트레칭

장요근은 항상 짧아져 있다. 앉아있는 시간이 많을수록 근육이 짧아져 있는 시간이 길다. 이 근육을 더 자주 늘려줘야 한다.

① 운동 목적

장요근과 허벅지 근육을 동시에 이완시킨다.

② 운동 방법

- 무릎을 꿇은 상태에서 한 발을 앞으로 뻗어서 놓는다(런지).
- 상체를 세우면서 양손을 앞무릎에 올려 둔다.
- 앞무릎이 발끝을 지나도록 뒤쪽 다리를 눌러준다.
- 20초 이상 실시.

좋은 자세
무릎진행방향 약간 바깥쪽으로.

안좋은 자세
무릎진행방향 안으로 꺾임.

스마트 폰을 이용해
카메라로 QR코드를
스캔하시면 자세한 동작을
영상으로 보실 수 있습니다.

4부
액티브시니어 운동 START!

133

교차 런지

이 동작을 반복하는 것만으로도 하체의 균형감각과 몸통의 힘을 기를 수 있다.

① 운동 목적

하체의 안정성과 균형감각을 기른다.

② 운동 방법

- 무릎으로 선다.
- 한 쪽 다리를 앞으로 뻗어 런지 자세를 만든다.
- 원래 자세로 돌아오고 바로 반대 다리를 보낸다.
- 20회 이상 실시

스마트 폰을 이용해
카메라로 QR코드를
스캔하시면 자세한 동작을
영상으로 보실 수 있습니다.

런지 일어서기

상체의 흔들림 없이 일어설 수 있어야 한다.

차에서 오르내릴 때, 걸을 때, 계단을 오르내릴 때 등 한 발로 바닥을 밀면서 일어나는 동작은 일상생활에서 가장 많이 하는 동작 중 하나이다.

하체의 힘이 없으면 상체가 흔들린다.

① 운동 목적

엉덩이와 허벅지 근육을 가장 강력하게 강화시킨다.

② 운동 방법

· 앞뒤의 다리 간격을 약간 줄인다.

· 상체를 약간 앞으로 굽히고 손은 차렷 자세를 만든다.

· 발바닥을 누르면서 일어나고, 무릎이 닿기 전까지 앉는 동작을 반복한다.

– 한쪽당 10회 이상 반복

스마트 폰을 이용해
카메라로 QR코드를
스캔하시면 자세한 동작을
영상으로 보실 수 있습니다.

CASE 2
5060 HOME TRAINING

48년생 男

주 2회, 운동 기간 4년

직업

해운업체회장

키, 몸무게

키:175cm 몸무게: 78kg

운동 빈도

주 2회 개인레슨

최초 몸 상태

제대로 걷지 못해 부축 없이는 움직일 수 없음

등이 심하게 굽어 숨쉬기 불편함

많은 질환으로 과다한 양의 약 복용

근육양 부족, 근육의 유연성 떨어짐

관절 가동범위는 수동적으로 측정했을 때 대부분 정상범위

운동 목표

호흡기능 향상과 근력 증가

운동 계획

(1) 신체기능 향상

　　① 관절의 가동범위 증가

　　- 목, 흉추, 갈비뼈, 고관절, 발목 가동범위 증가 운동

　　② 근육의 유연성 증가

　　- 햄스트링, 종아리, 허벅지, 복부

　　③ 근력 증가

　　- 누운 상태로 다리 밀기(손과 고무밴드 이용 저항 만듦)

　　　의자를 이용한 스쿼트, 제자리 걷기, 외발서기, 스텝박스 오르기

　　④ 체력 향상

　　- 몸통 비틀면서 호흡하기

운동 결과

1년 정도의 운동 이후 현재는 부축 없이 편안하게 걷고, 편하게 호흡할 수 있게
됨. 해외 출장 및 여행 가능해짐.

주 1~2회 골프를 다니게 되었음.

4

선 자세

STANDING POSITION

제자리 걷기

무릎을 최대한 들어올릴 수 있어야 하고, 팔은 최대한 위로 뻗어 올릴 수 있어야 한다. 이 동작을 다이나믹하게 움직이면서 실시할 수 있어야 한다.

① 운동 목적

고관절과 어깨의 최대 가동범위로 빠르게 움직인다.

② 운동 방법

- 바르게 선 상태에서 큰 걸음을 걷듯이 팔과 다리를 뻗어 올리면서
- 제자리걸음을 걷는다.
- 1분 이상 실시

스마트 폰을 이용해
카메라로 QR코드를
스캔하시면 자세한 동작을
영상으로 보실 수 있습니다.

목 앞뒤
좌우 돌리기

목은 모든 방향으로 자유롭게 움직일 수 있어야 한다.

① 운동 목적

목의 가동범위를 증가시킨다.

② 운동 방법

- 양손을 몸 앞에 교차해서 놓는다.
- 고개를 앞뒤로 숙이고 젖히기를 반복한다.
- 10회 실시
- 고개를 좌우로 굽히기를 반복한다.
- 10회 실시
- 목 전체를 오른쪽 왼쪽으로 5바퀴씩 돌려준다.

스마트 폰을 이용해
카메라로 QR코드를
스캔하시면 자세한 동작을
영상으로 보실 수 있습니다.

어깨 회전
(CHAOS)

생각하면서 운동해야 한다.

어깨는 모든 방향으로 자유롭게 돌릴 수 있어야 한다.

① 운동 목적

어깨의 가동범위를 좋게 해준다.

② 운동 방법

- 양손 끝을 어깨에 올려놓는다.
- 한쪽은 뒤로 돌리고 반대쪽은 앞으로 돌린다.
- 각 10회씩 실시

스마트 폰을 이용해
카메라로 QR코드를
스캔하시면 자세한 동작을
영상으로 보실 수 있습니다.

이집션
(EGYPTIAN)

어깨관절과 견갑골은 항상 같이 움직여야 한다.

날개뼈에 붙어 팔뼈로 연결된 회전근계 근육이 약하면 어깨의 통증이 생긴다.

① 운동 목적

어깨 회전근계 근육을 강화시켜 안정성을 준다.

② 운동 방법

- 몸통을 한쪽으로 밀면서 팔 전체를 외회전시킨다(손바닥 하늘 방향으로).
- 이때 반대편 팔 전체를 내회전시킨다(손바닥 땅 방향으로).
- 좌우로 반복해서 실시한다.
- 20회 이상 실시

스마트 폰을 이용해
카메라로 QR코드를
스캔하시면 자세한 동작을
영상으로 보실 수 있습니다.

골반 돌리기

골반은 고관절에 얹혀져 있다. 골반 돌리기이지만, 실제로 돌아가는 것은 고관절이다. 고관절의 유연성이 증가할수록 하체의 근력을 기르는데 도움이 된다.

① 운동 목적

고관절의 가동범위를 좋게 해준다.

② 운동 방법

· 손을 허리에 올리고 선다.

· 무릎을 곧게 펴고 골반을 한쪽방향으로 돌린다.

· 이때 절대로 발바닥이 떨어져서는 안된다.

스마트 폰을 이용해
카메라로 QR코드를
스캔하시면 자세한 동작을
영상으로 보실 수 있습니다.

무릎 돌리기

무릎은 가장 많이 움직이는 관절이다. 너무 많이 사용하여 아프게 된다.

무릎을 감싸고 있는 근육을 유연하고 강하게 하면 통증은 감소한다.

무릎을 접고 펴는 동작보다는 돌리는 동작이 무릎에 무리를 덜 준다.

① 운동 목적

무릎관절의 유연함을 좋게 한다.

② 운동 방법

- 무릎을 모아서 약간 굽힌다.
- 양손으로 무릎을 잡는다.
- 한쪽 방향으로 돌린다.
- 반대쪽으로 돌린다.
- 20회 이상 실시

스마트 폰을 이용해
카메라로 QR코드를
스캔하시면 자세한 동작을
영상으로 보실 수 있습니다.

손목, 발목, 목(오목) 돌리기

사람의 몸에는 다섯 개의 목이 있다. 그것들은 모두 유연하게 움직여야 한다.

① 운동 목적

다섯 개 목의 유연함을 증가시킨다.

② 운동 방법

· 목과 양쪽손목을 돌리면서 한쪽 발목을 돌려준다.

– 20회 이상 실시

스마트 폰을 이용해
카메라로 QR코드를
스캔하시면 자세한 동작을
영상으로 보실 수 있습니다.

촛불(CANDLE) 움직임

몸 전체를 좌우로 최대한 부드럽게 움직이게 해야 한다.

복부 그 중에서도 옆구리의 힘이 좋아지면 호흡량이 늘어나고 척추의 측만까지

도 예방할 수 있다.

① 운동 목적

몸 전체 옆 라인 근육을 강화시킨다.

② 운동 방법

- 발을 주먹 두 개 정도 간격을 두고 선다.

- 양 손을 모아 위로 뻗어 올린다.

- 골반을 한쪽으로 밀면서 상체는 반대쪽으로 밀어준다.

- 좌우로 반복 실시한다.

- 20회 이상 실시

* 엉덩이에 힘을 최대한 주고 서 있어야 한다.

스마트 폰을 이용해
카메라로 QR코드를
스캔하시면 자세한 동작을
영상으로 보실 수 있습니다.

38 활시위(력) 움직임

몸 전체를 앞으로 숙이거나 활처럼 뒤로 잘 젖힐 수 있어야 한다.

① 운동 목적

몸 전체 앞 뒤 라인 근육을 강화시킨나.

② 운동 방법

- 발을 주먹 두 개 정도 간격을 두고 선다.

- 양 손을 모아 위로 뻗어 올리면서 몸을 뒤로 젖힌다.

- 팔을 옆으로 벌려 내리면서 상체를 숙인다.

- 뒤로 젖히고 앞으로 숙이는 동작을 반복한다.

– 20회 이상 실시

* 뒤로 젖힐 때 엉덩이에 힘을 주지 않으면 허리가 아플 수 있다.

옆모습

스마트 폰을 이용해
카메라로 QR코드를
스캔하시면 자세한 동작을
영상으로 보실 수 있습니다.

4부
액티브시니어 운동 START!

회전근계 스트레칭

회전근계 4개의 근육은 각 방향에서 힘을 쓰면서 어깨관절의 안정성을 만들어 준다.

① 운동 목적

어깨 회전근계 근육의 유연성을 증가시킨다.

② 운동 방법

· 열 중 쉬어 자세로 벽 모서리에 팔꿈치를 대고 선다.

· 벽쪽에 가까운 다리를 뒤로 뻗어준다.

· 통증이 없는 범위까지 다리를 뒤로 보내고 버텨준다.

– 20초 이상 실시

스마트 폰을 이용해
카메라로 QR코드를
스캔하시면 자세한 동작을
영상으로 보실 수 있습니다.

가슴근 스트레칭

가슴근(흉근)이 짧아지면 등이 앞으로 말리고 어깨를 아프게 만든다.

① 운동 목적

가슴 근육을 늘리고 어깨를 펴준다.

② 운동 방법

- 팔꿈치를 어깨 높이까지 올린다.
- 벽 쪽에 가까운 다리를 앞으로 뻗어준다.
- 통증이 없는 범위까지 다리를 앞으로 보내고 버텨준다.
- 20초 이상 실시

스마트 폰을 이용해
카메라로 QR코드를
스캔하시면 자세한 동작을
영상으로 보실 수 있습니다.

34년생 女

주 1회, 운동기간 2년 6개월

직업

시니어

키, 몸무게

키:175cm   몸무게: 78kg

운동 빈도

주 1회 개인레슨

최초 몸 상태

계단에서 넘어지면서 오른쪽 허리와 무릎의 통증

얼굴 오른편의 마비 증세가 약간 있음

약간의 척추측만이 있음

허리를 제외한 관절의 가동범위 좋음

운동 목표

허리, 무릎관절의 안정성, 턱관절 및 목의 안정성

운동 계획

(1) 신체기능 향상

    ① 관절의 가동범위 증가

    - 허리 가동범위 증가 운동

    ② 근육의 유연성 증가

    - 허리 하부(요방형근)

    ③ 근력 증가

    - 엉덩이(중둔근), 허벅지, 종아리, 등근육의 강화 운동

    ④ 체력 향상

    - 계단 오르며 무릎 들기, 제자리 걷기

운동 결과

6개월 정도의 운동 이후 허리 무릎의 통증 없어짐.

허리의 유연성 증가로 스쿼트, 데드리프트 등 강도 있는 운동 진행 가능.

턱과 목의 근육과 관절의 스트레칭으로 안면마비 증상 거의 없어짐.

5

맨몸 근력 운동

테이블자세에서
삼각형자세

① 운동 목적

온 몸의 근육을 강화하고 동시에 유연성을 길러준다.

② 운동 방법

- 테이블자세에서 호흡을 들이마시면서 허리를 젖혀준다.

- 호흡을 내쉬면서 무릎을 들어올려 엉덩이를 높이 들어올린다.

- 뒤꿈치가 바닥에 닿도록 무게 중심을 발바닥으로 이동시켜 3초 버틴다.

- 다시 호흡을 들이마시면서 원래 위치로 돌아온다.

– 한번에 10회씩 실시, 3번 반복한다.

스마트 폰을 이용해
카메라로 QR코드를
스캔하시면 자세한 동작을
영상으로 보실 수 있습니다.

데드리프트

① 운동 목적

악력을 증가시키고 목 뒤에서부터 종아리까지 몸 뒤쪽 근육을 강화시킨다.

② 운동 방법

- 테라밴드를 발바닥 밑으로 짧게 만들어 밟고, 양손으로 밴드 끝을 잡는다.

- 서서 등을 편 상태를 유지하면서 고관절을 접어 엉덩이를 뒤로 뺀다.

- 자연스럽게 무릎이 굽혀지면서 등이 말리지 않을 때까지 충분히 상체를 숙여준다.

- 원래의 선 상태로 돌아온다.

– 하루에 자기 나이수만큼 실시(한번에 최대 15번 실시).

* 너무 힘들면 밴드를 길게 잡고 실시한다.

소분
액티브시니어 운동 START!

스쿼트

① 운동 목적

허벅지와 엉덩이근육을 강화시킨다.

② 운동 방법

- 테라밴드를 발밑에 길게 해서 밟고 선다.

- 양손으로 밴드의 끝을 잡고 가슴 앞쪽에 'A' 자 모양으로 모아준다.

- 서서 등을 편 상태를 유지하면서 엉덩이를 뒤로 뺀다.

- 등은 최대한 굽혀지지 않도록 유지하면서 허벅지가 지면과 수평을 이룰 때까지 앉는다.

- 이때 팔꿈치부터 손목까지(전완)을 지면과 90도가 되게 유지한다.

- 원래의 선 상태로 돌아온다.

- 하루에 자기 나이수만큼 실시(한번에 최대 15번 실시).

스마트 폰을 이용해
카메라로 QR코드를
스캔하시면 자세한 동작을
영상으로 보실 수 있습니다.

팔 굽혀펴기

① 운동 목적

가슴근육과 팔, 복부근육을 강화시킨다.

② 운동 방법

- 엎드려 누운 상태에서 양손을 어깨 높이에 위치한다.
- 팔꿈치를 지면과 90도가 되게 세운다.
- 어깨를 최대한 귀와 가깝게 두지 않도록 하면서 팔을 펴면서 상체를 들어올린다.
- 무릎을 바닥에 댄 상태로 실시한다.
- 팔을 굽혀 내려올 때 배와 가슴이 동시에 닿도록 천천히 내려온다
- 1회 실시하고 5초 쉬고 다시 1회를 실시한다.
- 한번에 10회씩 실시, 3번 반복한다.

* 절대 연속 반복하지 않는다. 매번 엎드린 상태를 만들고 다시 상체를 들어올린다.

스마트 폰을 이용해
카메라로 QR코드를
스캔하시면 자세한 동작을
영상으로 보실 수 있습니다.

CASE 4
5060 HOME TRAINING

30년생 男

주 3회, 운동기간 1년 3개월

직업

전 국회의원

키, 몸무게

키:168cm 몸무게: 75kg

운동 빈도

주 3회 개인레슨

최초 몸 상태

부축해서도 걷기 힘듦

의자에서 앉았다 일어서기 안됨

상·하체 모든 관절과 근육이 경직되어 가동범위

가 나오지 않음

운동 목표

모든 관절의 가동범위 향상, 근육의 유연성과 근

력 증가, 혼자 걷기

운동 계획

① 관절의 가동범위 증가

- 발목, 무릎, 고관절, 등, 목, 어깨 관절 순으로 가동범위 증가 운동

② 근육의 유연성 증가

- 햄스트링, 허벅지, 허리, 광배근, 승모근, 목 근육의 이완 실시

③ 근력 증가

- 엉덩이, 허벅지, 삼두박근, 복부근육 강화

④ 체력 향상

- 의자를 이용한 스쿼트, 앉았다 일어서면서 걸어가기, 계단 오르내리기

운동 결과

의자에서 앉았다 일어서기 가능, 가벼운 부축으로 걷는 시간 늘어남.

외부 활동 일정이 많아짐, 혼자 걷기 가능해짐.

'액티브시니어 운동'으로 매일 운동하다 보면 본인이 잘하거나 하고 싶은 동작만 하게 될 확률이 크다. 또한 신체능력이 점점 좋아지면서 운동 강도가 약하다고 느껴지게 될지도 모른다. 운동 강도를 높이는 방법은 빠르게 움직이는 것과 횟수를 늘리는 것이 있는데, 사실 본인의 의지만으로 그렇게 강도를 올리는 것은 쉽지 않다. 이때 시니어가 가장 손쉽게 운동 강도를 올릴 수 있는 운동이 바로 달리기다.

지금까지의 '액티브시니어 운동'을 통해 유연성, 근력, 근지구력이 향상되었다면 달리기를 할 수 있는 몸을 만들어졌다. 그럼 이제 달리기로 체력을 키우고 노화를 지연시켜 보자.

5부

액티브시니어의 운동 목표는 '평생 달리기'

달리기를 위한 준비

사실 지금까지 해온 '액티브시니어 운동'은 달리기를 하기 위한 준비과정이었다. 반대로 말하면 달리기는 '액티브시니어 운동(Active Senior Exercise)'의 연속이다. 달리기는 체력향상을 위한 운동이다. 다시 말하지만 유연성, 근력, 근지구력, 심폐지구력, 이 네 가지 능력이 골고루 향상되어야 체력이 좋아졌다고 말할 수 있다. 또한 체력을 길러야만 노화를 지연시킬 수 있다. 그런데 이러한 네 가지 신체능력을 동시에 키울 수 있는 운동이 바로 달리기다.

그럼 여기서 4가지 신체능력의 개념을 다시 한 번 확인해 보자.

① 유연성

움직임의 전체 관절 가동범위(ROM)을 걸쳐 근육, 관절을 움직이는 기능적 능력

② 근력

특정 근육 또는 근 군에 의해 끌어낼 수 있는 최대의 힘

③ 근지구력

근 피로를 발생시킬 수 있는 충분한 시간적 범위를 넘어 반복적인 수축을 실행할 수 있거나, 오랜 시간 동안 최대 특정한 퍼센트로 수의적 수축을 유지할 수 있는 근군의 능력

④ 심폐지구력

다양한 형태의 운동을 수행하는 동안 심장, 혈관, 혈액, 폐, 그리고 적절한 근육의 기능적 능력을 예견하는 것으로, 장시간 동안 중강도에서 고강도까지의 운동과 큰 근육으로 수행할 수 있는 능력

4가지 신체능력 중 유연성, 근력, 근지구력이 좋아져야 달리기를 할 수 있는 준비가 된 것이다. 그렇지 않으면 관절과 근육이 다치고 몸에 문제가 생겨 통증이 발생한다. 운동을 할 때 절대 다쳐서는 안된다. 세 가지 신체능력, 즉 유연성, 근력, 근지구력이 평균치에 못 미친다면 달리기는 절대 하면 안된다. 대신 앞의 44가지 운동 동작을 계속 반복해야 한다.

또한 안전을 위해서 실내에서 운동할 것을 권장한다. 바깥에 비해 실내는 온도가 일정하게 유지되고 미세먼지의 오염이 적다. 더불어 필자는 런닝머신을 이용해 달릴 것을 권장한다. 런닝머신 자체로 정확한 심장 박동 수를 측정할 수 있고, 다양하게 운동 강도를 조절할 수 있기 때문이다. 또한 관절에 가해지는 충격도 줄일 수 있다.

왜 달리기를 해야 하는가?

간단히 말해 심폐지구력을 향상시키기 위해서 달린다. 그러기 위해서 숨이 차는 운동을 해야 하기 때문이다. 지금까지의 운동으로도 물론 숨이 차는 사람이 있을 것이다. 그러나 대부분의 경우 숨이 찰 정도로 힘들지는 않았을 것이다. 숨이 차게 운동을 한다는 것은 고강도의 운동을 하고 있다는 뜻이다. 다른 말로 하면 심장 박동 수를 '최대 심장 박동 수의 80~90%'까지 끌어올리는 것이다. 그래야만 체력을 기를 수 있다. 또한 체력을 길러야 노화를 예방하여 '액티브시니어'가 될 수 있다.

숨차게 하는 운동 = 고강도 운동(최대 심장 박동 수 80~90%) = 달리기 = 체력증진 = 노화예방

최근 고강도 운동 프로그램들이 많이 개발되었다. 이론적으로는 훌륭하지만 대부분 몸에 큰 무리를 주는 운동들이다. 이러한 운동들은 시니어에게 맞지 않다. 운동 습득도 어렵고, 시간과 비용도 많이 든다. 결정적으로 다칠 위험이 크다.

고강도 운동 중 가장 간단하면서 쉬운 운동은 바로 달리기다. 달리기는 언제, 어디서든 할 수 있다. 자, 이제 달리기라는 고강도 운동으로 체력을 증진시켜 보자.

달리기 운동 강도

저 · 중강도의 운동만으로 체력을 기른다는 것은 불가능하다. 많이 걷는 것은 칼로리 소비에는 도움이 되지만 체력이 길러지는 것은 아니다. 단순히 칼로리 소비만을 위해 많은 시간을 투자해 움직이는 것은 효율적인 운동이 아니다. 그러므로 본인 나이에 맞는 적정한 운동 강도로 운동을 해야 한다. 앞서 저 · 중강도의 운동을 소개한 것처럼 시니어에게 맞는 고강도 운동으로 달리기를 추천한다.

〈고강도 운동을 위한 나이별 적정 운동 강도〉

나이	최대 심장 박동 수	안정 시 심장 박동 수	적정 운동 강도(80%~90%)
50	170	70	150~160회
60	160	70	142~151회
70	150	70	134~142회
80	140	70	126~133회
90	130	70	118~124회

체력을 기르기 위해서는 위 표에 나와 있는 정도의 운동 강도로 운동할 것을 권한다. 운동 강도를 알았다고 해서 무조건 80~90%의 강도로 달려서는 안된다. 다시 말하지만 유연성, 근지구력, 근력 이 세 가지 신체능력을 본인 나이의 평균 범주로 만들어 놓고 달리기를 해야 한다. 더불어 달리기를 위한 준비로 우선 잘 걸을 수 있어야 한다.

실외에서 걸을 때는 평지부터 걷기를 시작하고, 실내에서 런닝머신을 이용할 때는 경사도를 설정하고 천천히 걸어야 한다. 남녀의 평균 걷기 속도는 2.5~3.0km/h, 경사도는 최소 2~3도 정도로 설정한다. 실외든 실내든 몇 가지 원칙을 생각하면서 걷기를 한다.

〈걷기를 위한 4 원칙〉

① 발목을 당겨서 뒤꿈치의 바깥쪽이 닿게 한다.

발목을 당긴다는 것은 발등 전체를 당기는 게 아니라 엄지발가락 쪽을 당기는 것이다.
그러면 당연히 뒤꿈치의 바깥쪽이 먼저 닿게 된다.
발목뼈의 구조가 그렇게 만들어져 있다.
뒤꿈치 안쪽이 먼저 닿으면 절대 안된다.
최소한 뒤꿈치 중간이 닿는 걸로 시작해야 한다.

② 무릎을 접는 게 아니라 고관절을 들어올린다.

다리를 뻗기 위해서는 무릎을 든다고 생각하면 안된다.
고관절을 들어올리면 자연스럽게 무릎은 접히게 된다.
무릎을 접어 들어올리려고 해서 자기 발에 걸려 넘어지게 된다.
무릎을 많이 쓰면 그만큼 다치게 된다.

③ 다리를 앞으로 뻗을 때 반대쪽 팔을 뻗는 게 아니라 어깨를 앞으로 밀어야 한다.

다리를 앞으로 뻗음과 동시에 반대편 몸통이 회전하면서 어깨가 앞으로 돌아간다.
팔은 어깨가 돌아감으로 인해 뻗어지는 것이지 팔을 일부러 흔드는 것이 아니다.
물론 빠르게 걸으려면 팔을 앞뒤로 흔들어야 한다.
몸통의 회전이 일어나는 게 중요하지 팔을 흔드는 건 중요하지 않다.
팔꿈치를 약간 구부려서 팔이 크게 흔들리지 않도록 해야 한다.

④ 걷기는 마차(馬車)의 '전륜구조'가 아닌 자동차(自動車)의 '후륜구조'로 걸어야 한다.

발이 뒤에서 몸을 앞으로 밀어줘야 한다.
다리를 앞으로 뻗어서 바닥을 긁듯이 끌어당기는 게 아니다.
무게 중심을 약간 앞으로 두고 발이 뒤에서 앞으로 힘차게 밀어주어야 한다.
허벅지, 엉덩이, 복부의 근육에 힘이 생기게 된다.

'걷기 4원칙'이 자연스럽게 몸에 새겨질 수 있도록 계속 생각하면서 걸어야 한다.

걷기는 최대한 보폭을 넓혀서 걸을 수 있으면 좋다. 보폭을 넓히기 위해서는 빠르게 걸어서는 안된다. 너무 빨리 걷게 되면 근육에 힘이 들어가지 않는다. 그저 피로해질 뿐이다.

보폭을 넓히면 몸통의 회전이 좋아지고, 몸통회전이 좋아지면 어깨와 허리의 통증이 줄어들고 호흡량도 늘어날 수 있다. 런닝머신을 기준으로 5.5km/h 이상 올리지 말고 경사도를 올려가면서 운동 강도를 높여야 한다. 경사가 올라갈수록 근육의 힘이 더 많이 들어간다. 정강이, 종아리, 허벅지, 엉덩이, 등, 복부의 힘이 들어가고, 발목, 무릎, 고관절, 허리관절이 강해진다. 또 몸통 유연성도 좋아진다.

반드시 '액티브시니어 운동'을 실시한 후 런닝머신에 올라가야 한다. 런닝머신
에 올라가서 반드시 5분 정도 약한 강도의 운동(웜업)을 해야 한다. 그리고 5분
은 경사도를 올리는 강한 운동을 하고 2분은 운동 강도를 낮춰 걷는다. '5분 운동
2분 휴식'의 원칙을 지켜야한다. 몸에 무리가 오는데 억지로 하면 안된다.

무리가 오는 시점에서 런닝머신에서 내려와야 한다. 안 그러면 다친다.

절대 속도에 대한 욕심을 내면 안된다. 운동 강도를 높이는 것은 경사도 조절
만으로 충분하다. 경사도 10, 속도 5.0으로 20분 이상 걸을 수 있을 때 비로소 달
리기를 시작할 수 있다.

30분을 걷기를 목표로 한 달 단위 운동 계획
(주 3회 이상)
(구체적인 수치를 확인할 수 있는 런닝머신을 기준)

첫째 달

시간(분)	5분	5분	2분	5분	2분	5분	2분	5분	5분
경사도(도)	3	4	3	5	3	6	3	7	3
속도(km/h)	3.0	4.0	3.0	4.0	3.0	4.0	4.0	4.0	3.0

둘째 달

시간(분)	5분	5분	2분	5분	2분	5분	2분	5분	5분
경사도(도)	3	5	3	6	3	7	3	8	3
속도(km/h)	3.0	4.0	3.0	4.0	3.0	4.0	4.0	4.0	3.0

셋째 달

시간(분)	5분	5분	2분	5분	2분	5분	2분	5분	5분
경사도(도)	3	6	3	7	3	8	3	9	3
속도(km/h)	3.0	4.5	3.0	4.5	3.0	4.5	4.0	4.5	3.0

넷째 달

시간(분)	5분	5분	2분	5분	2분	5분	2분	5분	5분
경사도(도)	3	7	3	8	3	9	3	10	3
속도(km/h)	3.0	5.0	3.0	5.0	3.0	5.0	4.0	5.5	3.0

강한 체력을 기르기 위한 달리기

강한 체력은 유연성, 근지구력, 근력을 평균치 수준으로 올린 후 심폐지구력을 기르는 달리기를 통해서 길러질 수 있다. 강한 체력이란 본인 최대 심장 박동 수의 80~90% 수준으로 5분 이상을 유지할 수 있는 체력을 말한다. 물론 5분을 쉼 없이 달려야 하는 것은 아니다.

5분 중에도 짧은 휴식은 반드시 있어야 한다. 40초 달리기 20초 휴식으로 5번을 반복하면 가장 이상적이다. 이는 10분 정도의 경사면 걷기를 통해서도 충분히 가능하다. 그리고 달리기는 필수가 아닌 선택임을 확실히 해둔다. 달리기는 걷기와 다르게 경사도를 두면 안 된다. 경사도를 두고 달리다 보면 발목이나 무릎에 무리를 주게 되므로 경사도는 없는 게 좋다.

달리기도 걷기와 마찬가지로 똑같은 4원칙을 지켜야 한다. 다만 팔을 조금 더 굽혀주고 의도적으로 앞뒤로 흔들어서 몸통의 회전을 도와주면 좋다. 걷기에 비해 넘어질 확률이 높기 때문에 시선을 한 곳에 고정하고 보폭은 걷기 수준으로 유지한다.

5분 달리기를 목표로 한 달 단위 운동 계획
(주 3회 이상)
(구체적인 수치를 확인할 수 있는 런닝머신을 기준)

첫째 달

시간(분)	1분	1분	1분	1분	1분	1분	1분	1분	1분	1분
경사도(도)	0	0	0	0	0	0	0	0	0	0
속도(km/h)	7.0	3.0	7.5	3.0	8.0	3.0	8.5	3.0	9.0	3.0

둘째 달

시간(분)	1분 30초	1분	1분 30초	1분	1분 30초	1분	1분 30초	1분
경사도(도)	0	0	0	0	0	0	0	0
속도(km/h)	7.5	3.0	8.0	3.0	8.5	3.0	9.0	3.0

셋째 달

시간(분)	2분	1분	2분	1분	2분	1분
경사도(도)	0	0	0	0	0	0
속도(km/h)	8.0	3.0	8.5	3.0	9.0	3.0

넷째 달

시간(분)	40초	20초	40초	20초	40초	20초	40초	20초	40초	20초
경사도(도)	0	0	0	0	0	0	0	0	0	0
속도(km/h)	9.0	90	9.5	0	9.5	0	10.0	0	10.0	0

* 속도 '0' 은 완전한 휴식을 말한다. – 런닝머신 난간에 두발을 두고 휴식.

첫 번째 달을 계획대로 실천하지 않았다면, 절대로 두 번째 달 운동으로 넘어가서는 안된다. 앞서 말한 것처럼 걷기 과정에 적응하지 못한 상태로 절대 달리기를 하면 안된다. 5분간 쉬지 않고 숨이 차도록 달리는 것이 최종 목표이지만, 몸 상태를 충분히 끌어올리지 않은 상태에서는 몸을 다치게 할 수 있다. 지금까지 제시한 운동 방법과 순서를 지키면서 꾸준히 반복하다 보면 더딜지라도 모두가 달리기를 할 수 있을 것이다.

이제 당신은
'액티브시니어'

노화를 막을 수는 없다. 하지만 노화를 지연시킬 수는 있다. 그 방법의 7할은 감히 운동이라고 해도 과언이 아닐 것이다. 몸에 문제가 생기는 원인은 대부분 많이 움직이지 않아서다. 운동이 좋다는 건 알지만 어떤 운동을, 어떻게 해야 할지 몰라서 아무것도 시작하지 못하는 사람들이 많다는 사실을 알고 있다. 그 고민을 해결하고자 이 책을 선택한 당신은 이미 '액티브시니어'다.

액티브시니어는 외모로 판단되는 것이 아니다. 일상생활 가운데 움직임에 아무런 문제가 없고 항상 활기가 넘쳐야 진짜 '액티브시니어'일 것이다. 좋은 사람을 만나고 가보지 못한 곳을 여행하며 맛있는 음식을 먹을 수 있는 행복감을 시니어 모두가 '액티브시니어 운동'을 통해 경험할 수 있을 거라고 확신한다.

"몸에 대해 이해하고 '액티브시니어 운동'을 꾸준히 실천했다."
"몸의 통증이 줄어들었을 뿐만 아니라 몸에 힘이 생겼고, 잘 걸을 수 있게 되었다."
"이제 달릴 수 있게 되었다."
이것이 필자가 이 책을 통해 가장 듣고 싶은 이야기다.

하루 최소 30분, 길게는 1시간. 이제 운동을 시작한 당신, 지금 바로 거울을 꺼내 거울 속 자신의 모습을 기억해 두라. 10년 후에도 그대로일 것이고, 심지어 지금보다 더 젊은 모습일지도 모른다.

와두 마사지볼

Natural Therapy
WADO massage ball

기존의 마사지볼의 단점을 보완한 가장 효과적인 근막이완 전신 마사지 기구
소프트한 질감의 마사지 볼과 바디·넥 트랙을 이용하여 통증부위에 정확하고 집중적인 마사지 기능

1단계	2단계	3단계	4단계	5단계
매우부드러움	부드러움	단단함	매우단단함	딱딱함

Reebok ◭
Professional

리복 프로페셔널 폼롤러

㈜휘니　📞 1899-0063　🌐 www.finsiports.com

506060

HOM

TRA

NING

5060
HOME
TRAINING